KB204235

복 있는 사람

오직 여호와의 율법을 즐거워하여 그 율법을 주야로 묵상하는 자로다.
저는 시냇가에 심은 나무가 시절을 좇아 과실을 맺으며 그 잎사귀가 마르지 아니함 같으니
그 행사가 다 형통하리로다. (시편 1:2-3)

후스토 곤잘레스는 나이 아흔을 앞두고 평생 자신의 반려였던 '성경'을 주제로 흥미로운 책을 썼다. 그 노익장이 부럽고 글솜씨가 탐난다. 그의 글은 항상 가려운 곳을 긁어 준다. 그리고 막힘없이 줄줄 읽힌다. 이 책은 성경이 어떤 과정을 거쳐 형성되었는지, 개인과 공동체 안에서 어떻게 사용되었는지, 그리고 성경의 핵심 주제들이 어떻게 해석되었는지를 차근차근 들려준다. 이 책을 읽고 나면 곁에 늘 당연한 듯 있던 성경이 2천년 동안 겪은 굴곡진 경험을 내게 말해 주는 듯한 느낌을 받게 될 것이다. 목회자와 신학생은 물론이고 모든 성도에게 필요한, 성경에 관한 최고의 입문서다.

박경수 장로회신학대학교 역사신학 교수

한국교회만큼 성경을 하나님 말씀으로 경외하고, 성경적 삶을 진지하게 추구하는 교회도 드물 것이다. 동시에 한국교회 안에 편만한, 성경에 대한 무지와 오해가 신앙적 동력과 신학적 성찰에 부정적인 영향을 미치고 있다는 사실도 부인할 수 없다. 이런 한국교회에게 후스토 곤잘레스의 『초기 교회의 성경』은 매우 소중한 죽비와 적절한 나침반이 되어줄 것이다. 초기 교회에서 성경이 기록되고 정경으로 형성된 과정, 성경이 신자와 교회 안에서 담당하던 역할과 기능, 그리고 성경을 해석할 때 견지하던 관점과 기준을 차례로 읽으면서, 우리는 자연스럽게 우리와 성경의 관계를 새롭게 성찰하게 될 것이다. 오랫동안 한국교회가 기다려 온 소중한 책이 드디어 출판되었다. '책임적 그리스도인'을 소망하는 이 땅의 모든 그리스도인들에게 필독을 권한다.

배덕만 기독연구원느헤미야 교회사 교수

이 책은 초기 교회의 성경을 다루는 입문서로서 최근에 나온 최고의 책이다. 곤잘레스는 명료하고 쉬운 문체를 구사해 성경의 외적 형태, 다양한 환경에서 성경이 사용된 방식, 초기 독자들이 성경을 해석한 여러 방법 등을 설명한다. 『초기 교회의 성경』은 수십 년간 곤잘레스가 축적한 학식의 결정판으로, 대화를 나누는 듯 쉽게 읽히고 신뢰할 만하다. 일반인 독자와 대학생들에게 가장 적합한 책이다.

피터 W. 마튼즈 세인트루이스 대학교 초기 기독교학 교수 초기 기독교의 성경을 다룬 최고의 저술로, 누구나 묻는 질문에 답하면서 누구든 읽고 싶게 만드는 책이다. 곤잘레스의 수고가 돋보인다. 핵심을 찌르고, 우리의 질문을 예상하면서 최상의 일차 자료로 안내하고, 충분하면서도 지나치지 않게 정보를 제시한다. 잠자리에서 읽어도 좋을 만한 책이다.

D. 제프리 빙엄 사우스웨스턴 침례신학교 역사신학 교수

시간을 훌쩍 뛰어넘어 초기 교회의 신자들이 성경과 씨름하던 현장으로 들어가 성경을 경험할 수 있게 하는 책이다. 쉽고도 뛰어난 이 책에서 후스토 곤잘레스는 조각난 두루마리에서 코덱스와 인쇄본에 이르는 성경의 모습을 우리 눈앞에 펼쳐 놓는다. 한 걸음 더 나가 우리를 초기 그리스도인들의 세상으로 인도해 그들의 일상의 실천과 예배와 해석을 통해 그들과 성서가 어떤 관계였는지 보여준다. 참 훌륭한 입문서인 이 책을 읽으면 성경을 보전하여 우리에게 전해준 세대들에게 감사하는 마음이 저절로 일어난다.

캐런 R. 킨 텍사스 갈런드 소재 레드우드 영성 치유와 교육 센터의 설립자

『초기 교회의 성경』에서 후스토 곤잘레스는 교회에서 성경을 쓰고 이용하고 전달한 역사를 매우 친절하면서도 명료하고 깊이 있게 소개한다. 역사적이고 신앙적인 관점에서 성경이 교회의 예배와 교육과 사회 질서에서 담당했던 특별한 자리와 기능도 설명한다. 또 그는 과거에 사용한 해석 모델들을 밝혀서 성경에서 중심을 이루는 세 가지 주제, 곧 창조와 이집트 탈출과 말씀을 이해하도록 인도한다. 곤잘레스 박사는 이처럼 과거에서 배운 교훈이 미래를 위한 새 교훈으로 바뀌길 희망한다. 교회 현장뿐 아니라 신학교와 대학교의 성서 입문 과정에 넣어도 좋을 책이다.

알베르토 L. 가르시아 위스콘신 콘코디아 대학교 명예 신학교수

초기 교회의 성경

초기
교회의
성경

후스토 L. 곤잘레스

복 있는 사람

초기 교회의 성경

2023년 9월 8일 초판 1쇄 인쇄
2023년 9월 15일 초판 1쇄 발행

지은이 후스토 곤잘레스
옮긴이 김기철
펴낸이 박종현

㈜ 복 있는 사람
주소 서울특별시 마포구 연남동 246-21(성미산로23길 26-6)
전화 02-723-7183, 7734(영업·마케팅)
팩스 02-723-7184
이메일 hismassage@naver.com
등록 1998년 1월 19일 제1-2280호

ISBN 979-11-7083-011-5 (03230)

The Bible in the Early Church
by Justo L. González

Copyright © 2022 Justo L. González
Originally published in English under the title
The Bible in the Early Church by Wm. B. Eerdmans Publishing Company
4035 Park East Court SE, Grand Rapids, MI 49546, USA.
All rights reserved.

This Korean translation edition © 2023 by The Blessed People Publishing
Inc., Seoul, Republic of Korea.
This Korean edition published by arrangement with Wm. B. Eerdmans
Publishing Company through rMaeng2, Seoul, Republic of Korea.

이 한국어판의 저작권은 알맹2를 통해 Wm. B. Eerdmans Publishing
Company와 독점 계약한 ㈜ 복 있는 사람에 있습니다. 신저작권법에 의하여
한국 내에서 보호받는 저작물이므로 무단 전재와 무단 복제를 금합니다.

차례

머리말

본문에서 꼭 집어 밝히지는 않았으나 이 책은 자전적 성격이 강하다. 옛날 사람들은 성경을 어떻게 생각하고 읽고 해석하고 나아가 삶에 적용했는지를 주제로 글을 쓰려는 내 관심사는 오랜 세월 내 삶과 신앙의 고비마다 나와 동행했던 성경 자체에서 생겨났다. 어린 시절의 소중한 기억 하나는, 식탁 아버지 자리 뒤편 보조탁자 위에 성경이 늘 펼쳐져 있던 것이다. 몇 년 후에 온 식구가 각자 성경을 들고서 교회에 가던 일도 생각난다. 내 성경은 거의 나만큼 컸다. 학교에 입학하기 전에 할아버지께서 성경으로 내게 읽기를 가르쳐 주시던 일도 떠오른다. 그래서 솔직히 내가 최초로 읽은 책은 성경이라고 말할 수 있다. 세월이 흘러 나는 우리나라(곤잘레스가 태어나고 자란 쿠바를 말한다-옮긴이)에서 가톨릭과 개신교 사이의 적대감이 최고조에 달하던 시절에 청소년기를 맞았고, 당시 심심풀이로 친구 몇 명과 신부나 수녀님을 찾아가 성경을 놓고 토론하자고 요구하기도 했다. 시간이 흘러 어느 정도 철이 들고서는 마음을 열고 성경을 받아들여 씨름했다. 여러 해가 더 지나 신학교에서 언어와 주석 등 성경을 연구하고 해석하는 많은 도구를 배웠다. 긴 세월이 흐르는 동안 나는 어린 시절 우리집처럼 흔히 연구실 책상에 성경을 펼쳐 놓고 주석과 성경에 관한 글을 많이 써왔다.

그래서 나는 성경이 이러저러한 모양으로 늘 나와 동행하였노라고 말할 수 있다. 성경에 순종한 때가 있었는가 하면 그러지 못한 때도 있었다. 성경을 이해한 때가 있었는가 하면 그러지 못한 때도 있었다. 하지만 성경은 늘 거기에 있었다.

이제 내 나이 팔십 줄에 들어서, 늘 내 반려였던 성경책을 주제로 이글을 쓴다. 깊은 불안이 인류 전체를 휘감는 시대에 이 책을 썼다. 무시무시한 팬데믹이 온 세계를 휩쓸고 있다. 한때 서로 맞서 전쟁을 하던 나라들이 이제는 힘을 합쳐 공동의 적에 맞서고 있다. 전에는 서로 싸웠으나 이제는 협력해야 한다. 현재 일어나는 일을 보면 성경이 언제나 옳았음이 분명해진다. 바울이 아테네에서 외친 대로 하나님은 "인류의 모든 족속을 한 혈통으로 만드셔서, 온 땅 위에 살게" 하셨다(행 17:26). 한마디로 말해 좋든 싫든 우리는 서로 관련이 있으며 또 서로에게 책임이 있음을 다시 한 번 알게 되었다.

아마 이 책이 읽힐 쯤에는 2020년에 시작된 팬데믹이 끝났을 가능성이 크다. 팬데믹은 지금 우리가 두려워하는 만큼 큰 재앙으로 끝날 수도 있고, 그렇지 않을 수도 있다. 그러나 한 가지 확신할 수 있는 것은, 세대가 사라지고 나라들이 사라지고 이념들이 사라지고 팬데믹이 사라지겠지만… 어린 시절부터 나와 함께한 이 성경은 결코 사라지지 않으리라는 것이다.

이렇게 확신하며, 2020년처럼 이 세상을 뒤흔드는 불안이 널리 퍼지는 시대에 이 책을 펼칠지 모를 여러분에게 스페인의 시인이자 신비주의자 아빌라의 테레사의 글을 전한다(E. 앨리슨 피어스가 영역).

아무것도 그대를 흔들지 못하게 하라.

아무것도 그대를 낙심케 못하게 하라.

만물은 지나가나,

하나님은 결코 변함이 없으시다.

인내는 얻고자 하는 것을

모두 거두는 법.

하나님만으로 충분하니

하나님을 모신 사람에게는

부족함이 전혀 없으리.

조지아주 디케이터에서
후스토 L. 곤잘레스

초기 교회의 성경

약어표

ANF   *The Ante-Nicene Fathers* (『니케아 공의회 이전의 교부들』)

BAC   Biblioteca de autores cristianos (교부 문헌 총서)

FC   Fathers of the Church (교회 교부들)

Mansi   Sacrorum conciliorum amplissima collectio (거룩한 공의회 대전집)

NPNF¹   *The Nicene and Post-Nicene Fathers*, Series 1 (『니케아 공의회와 그 이후의 교부들1』)

NPNF²   *The Nicene and Post-Nicene Fathers*, Series 2 (『니케아 공의회와 그 이후의 교부들2』)

PG   Patrologia Graeca, Migne (그리스 교부 총서, 미뉴)

PL   Patrologia Latina, Migne (라틴 교부 총서, 미뉴)

각 시리즈에서 인용하는 경우, 먼저 권 번호 다음에 콜론(:)을 표기하고 쪽이나 세로단의 번호를 적는다. 예를 들어 *ANF* 5:200는 *ANF* 시리즈의 제5권, 200쪽이다. BAC와 Mansi, PG, PL에서 인용한 글은 내가 직접 번역했다.

일러두기

이 책에서 인용하는 성경구절은 옮긴이가 여러 역본을 대조하여 저자의 의도와 가장 가까운 번역을 택해 실었다. 주로 새번역 성경을 썼으며 옮긴이가 사역을 하기도 했다.

서론

고대의 첫 성경책에서 오늘날 우리 손에 있는 성경책으로 이르는 길은 길고 복잡하며 하나님이 섭리하셨다. 그 길에는 원저자는 물론이고 오늘 우리가 성경을 읽을 수 있도록 보존하고 필사하고 해석해온 이스라엘과 교회의 긴 역사도 들어 있다. 이 책에서는 히브리 성경과 기독교 성경의 형태뿐 아니라 고대 기독교 시대에 성서를 필사하고 보존하는 데 쓰인 재료도 살펴볼 것이다. 또 예배에서 성경이 사용된 방식과 고대 그리스도인들이 (오늘날 구약이라고 부르는) 이스라엘의 성경을 해석하던 다양한 방법과 그 외의 여러 문제도 다룰 것이다.

하지만 그 섭리의 길에는 그 이상의 것이 있다. 우리 믿음의 조상이 물려준 성경에서 신앙이 자라났고 지금도 여전히 그렇다. 박해 시대에는 많은 신자가 성경에서 위안을 찾고 힘을 얻었다. 그래서 박해하는 자들은 그리스도인을 색출해 처벌하기보다는 성경 소지자를 찾아내 억지로 성경을 넘겨받고자 했다. 그리스도인의 경전을 파기하여 하나님의 백성을 멸하기를 바란 것이다. 위대한 선교사들, 신앙의 증인으로서 고난당한 순교자들, 교회의 위대한 교사들, 세계로 흩어져 구호 기관을 세운 사람들, 우리를 포함하여 모든 민족과 종족과 언어에서 나온 수많은 사람에게 시대를 초월하여 영감을 준 것은 다름 아닌 바로 성경이었다. 이렇게 영감을 받은 사람 중에는 흔들의자에 앉아 현명한 조언을 들려준 우리의 조부모가 있고, 지난 주일에 우리와 함께 예배한 사람들이 있고, 세상에 이름을 내지 못했어도 신앙으로 살고 신앙을 위해 죽은 (믿음의 주께서 그 이름을 아시는!) 사람들이 있다.

민음의 주께서는 죽은 자의 부활에 관해 질문을 받으시자 하나님이 자신을 "아브라함의 하나님이요, 이삭의 하나님이요, 야곱의 하나님이로다"라고 밝히신 것과 "하나님은 죽은 사람들의 하나님이 아니라, 살아 있는 사람들의 하나님이시다"(막 12:26-27)라는 말씀을 들어 대답하셨다. 우리가 성경에서 아브라함의 이야기를 읽을 때면 죽은 사람이나 고리타분한 옛날 일에 관해 읽는 것이 아니라, 주 안에서 여전히 살아 있는 사람—우리도 언젠가는 그리 살게 되리라—에 관해 읽는 것이다. 우리는 과거에 무슨 일이 일어났는지 알기 위해서만 성경을 읽지는 않는다. 무엇보다도 성경을 읽으면서 아브라함과 사라, 리브가와 이삭, 모세, 아론, 미리암, 바울, 브리스길라, 요한, 야고보처럼 믿음 안에서 우리의 형제자매이며 주 안에서 계속 살아 있는 사람들에 관해 배울 수 있기에 성경을 읽는다.

주 안에 사는 사람들이 이어간 긴 사슬은 마지막 사도가 죽었을 때도 끊기지 않았다. 그 사슬은 성령의 능력으로 말미암아 아브라함과 바울과 브리스길라의 영적 후손인 형제 자매들로 채워지고 오랜 세월 이어졌다. 그들도 죽어서 사라진 것이 아니라 여전히 살아있다. 아브라함과 미리암, 다윗, 바울처럼 그들도 믿음으로 살면서도 심각한 잘못을 저질렀다. 우리와 사도 시대를 잇는 사슬 속 모든 매듭에 대해서도 똑같이 말할 수 있다. 고대 사본들에서 시작해 거듭 필사되고 마침내 우리말로 번역되고 인쇄되어 우리에게 이른 성경은 이처럼 결함으로 얼룩진 사슬 - 우리도 역시 결함이 있다 - 을 통해 우리에게 전해졌다. 그러한 사슬이 없었다면 우리에게 성경은 없었을 것이다.

그래서 우리도 구름 떼와 같이 수많은 증인에게 둘러싸인 채로 우리 앞에 놓인 달음질을 한다. 우리도 그 달음질에 참여하여, 우리 선조들이 물려준 성경을 연구하고 설교하고 그대로 따라 살며, 이어서 우리 믿음의 후손들에게 물려준다.

하지만 우리 선조는 불완전했기에, 우리에게 물려준 성경에도 그 불완전한 모습이 나타나기 마련이다. 그래서 우리는 선조를 과소평가하고 심지어 경멸하기에 이르기도 한다. 그러나 그 모습을 보면서 우리 역시 선조처럼 불완전한 죄인이요, 삶에서나 앎에서나 오류를 저지를 수 있음을 기억해야 한다. 그러니 성경이 그처럼 완벽하지 못한 사람들을 거쳐 우리에게 이른 방식을 염두에 두고서 우리는 자만심에 빠져 그들의 오류를 교정하려고 애쓸 것이 아니라 오히려 우리 자신의 오류 가능성과 죄를 철저히 깨달아야 한다. 어쩌면 우리 믿음의 선조 가운데 많은 이들이 그랬듯이 우리도 자신의 오류를 깨닫지 못할 수 있다. 그래서 이 과제는 미래 세대에게 넘겨서 그들이 하나님의 말씀에 비추어 우리 오류를 판단하고 교정하도록 맡겨야 할 것이다.

사람은 오직 하나님의 은혜로 사는 게 마땅하니, 우리도 그렇게 은혜를 힘입어 살면서, 우리에게 성경을 전해준 믿음의 선조들에게 감사하고 그들이 범했을지도 모를 오류에 대해서는 우리가 우리 미래 세대에게 바라듯이 은혜와 사랑의 눈으로 비판하고 교정할 수 있었으면 좋겠다.

초기 교회의 성경

1부

성경의 형성

1장
기독교의 처음 성경들: 언어와 내용

기독교는 유대교 안에서 태어났으며, 그런 까닭에 많은 것들 가운데서 특히 이스라엘의 성경을 물려받아 자신의 성경으로 삼았다. 이것이 지금 우리가 구약이라고 부르는 책의 기원이다. 하지만 초기 교회에서는 성경의 히브리어 본문을 쉽게 읽어 낼 수 있는 그리스도인이 그리 많지 않았다. 히브리어는 예수가 태어나기 얼마 전부터 입말로서 힘을 잃기 시작했으며 주로 거룩한 글 속에 보존되었다. 사람들이 실제로 구사하던 언어는 셈어 계열 아람어로 바벨론 포로기에 히브리 백성 사이에 퍼지기 시작했다. 기원후 1세기 무렵에 유대인들은 대체로 히브리어가 아니라 아람어를 구사했지만, 그 지역의 또 다른 공용어인 그리스어와 대조하여 아람어를 '히브리어'라고 불렀다. 신약에 어떤 사람이 '히브리어'로 말했다는 글이 나오거나 어떤 '히브리어' 단어의 뜻이 언급되는 경우, 그것은 사실 구약의 히브리어가 아니라 아람어를 가리킨다.

　백성 대다수가 히브리어를 거의 몰랐기 때문에 구약의 여러 책과 본문을 아람어로 옮긴 번역본들이 있었다. 이들 번역본을 '타르굼'(targums)

이라고 불렀는데, 직역하면 '번역들'이라는 뜻이다. 아람어가 팔레스타인 지역뿐 아니라 동쪽으로는 시리아와 메소포타미아까지 이르는 광대한 지역에서 쓰였기에 그 지역에서 유대인만 아니라 그리스도인도 이들 아람어 번역본을 이용했다.

그러나 영향력이 훨씬 더 큰 언어는 팔레스타인 서쪽에서 널리 쓰인 그리스어였다. 기독교가 등장하기 300년쯤 전, 알렉산드로스대왕의 정복 활동으로 그리스와 그 주변 지역뿐 아니라 이집트와 시리아와 팔레스타인을 아우르는 방대한 지역까지 그리스 문화와 언어가 전파되었다. 로마 제국이 지중해 동쪽 지역을 정복했을 때 그리스어는 제국 전역에서 특히 지식인들이나 장거리 교역에 종사하는 사람들이 쓰는 언어가 되었다. 이집트에는 그리스어를 자기네 언어로 받아들인 유대인이 많이 살았다. 그래서 구약을 그리스어로 번역할 필요성이 제기되었다. 이 번역 작업이 단번에 완료되지는 않았으며 일관된 번역 원칙에 따라 진행되지도 않았다. 이러한 까닭에 본문의 실제 의미를 알아보기 힘들 정도로 매우 축자적인 번역본이 있는가 하면 원문의 단어보다는 의미를 전달하는 데 힘쓴 번역본도 있었다. 유대인이 널리 사용한 이 번역본의 권위를 강화하고자 전설이 하나 생겨났는데, 그 전설에 따르면 유대 학자 72명이 각자 독자적으로 번역 작업을 했는데도 나중에 그 작업 결과를 비교해 보니 모두 똑같은 번역본을 만들어냈다고 한다. 이 전설 때문에 고대에 그리스어로 번역된 이 구약성경은 '70인역 성경', 곧 셉투아진트(Septuagint, 흔히 LXX라는 약자로 표기)라는 이름을 얻었다. 70인역 성경에 포함된 책들을 묶어서 흔히 '알렉산드리아 정경'이라고 부르는데, 곧 살펴보겠지만 알렉산드리아 정경은 실제 히브리 성경보다 범위가 더 넓다.

그리스도인들이 그리스어를 쓰는 사람들과 신앙을 공유하면서 사용한 성경이 70인역 성경이다. 바울을 포함하여 신약 저자 대부분이 성서라고 인용한 성경은 70인역 성경이다. 중요한 예외가 요한계시록인데 이 책이 미지의 판본을 인용하는 것으로 보이기는 하지만, 요한이 글을 쓰면서 자기가 기억하는 히브리어나 아람어 본문을 단순히 그리스어로 번역했을 가능성도 상당하다. 또 마태복음의 처음 몇 장에서는 70인역 성경과 관계없는 번역본에서 이사야와 소예언서들을 인용한다. 요한계시록의 경우처럼 마태복음의 저자도 당시 존재하던 다른 번역본 중 하나를 사용했거나 아니면 그 본문을 인용하면서 직접 그리스어로 번역한 것으로 보인다.

기독교가 등장했을 때 유대교는 아직 어느 것이 거룩한 책인지 결정하지 못했다. 모세 오경과 예언서의 권위에 대해서는 다들 의견이 일치했다. 시편 역시 상당히 권위가 있었는데, 예배를 드릴 때, 특히 특정한 날이나 때에 자주 쓰였기 때문이다. 하지만 구약의 나머지 정경은 아직 확정되지 않았다. 성전이 파괴된 후인 1세기 말에 이르러서야, 팔레스타인의 소도시 얌니아에서 성서 연구 기관이 주도하여 유대교에서 반드시 손을 씻고 나서야 읽을 수 있을 정도로 거룩한 책이 무엇인지 결정하였다. (이를 흔히 '얌니아 공의회'라고 언급하지만 여러 지역에서 온 사람들의 모임이라는 의미의 공회의는 아니었을 가능성이 다분하고, 1세기 말에 유대교 학자와 지도자들이 얌니아에 모여 정경에 관한 의견 일치에 도달한 회의에 불과했을 것으로 보인다.) 주목해야 할 중요한 사실은, 정경 형성 과정에서 일차적으로 논의되었던 문제가 개개의 책을 어떻게 신학적 논의에 이용할 수 있는지가 아니라 어느 책을 회당에서, 나중에는 교회에서 읽을 수 있고 읽어야 하는지에 관한 것이었다는 점이다. 당연히 책의 신학적 내용이 정경 결정에 영향을 끼쳤다. 하지만 정경의 형성은 무엇보다도 교리의 문제가 아니라 예배의 문제였다. 흔히들 주장하듯이 예배 자체가 예배에 참여하는 사람들의 신학적 사고를 형성하는 데 매우 중요한 역할을 담당했다. 여기서 우리는 예배 역시 정경의 형성에서 중요한 요소였다는 사실을 확인하게 된다.

히브리 성경을 구성하는 거룩한 책의 목록을 '알렉산드리아 정경'과 대조하여 흔히 '예루살렘 정경'이라고 부른다. 예루살렘 정경은 현대의 개신교 성경과 거의 일치하고 책의 배열 순서만 약간 다르다.

율법서(토라)	창세기, 출애굽기, 레위기, 민수기, 신명기
예언서	전기 예언서(여호수아, 사사기, 사무엘, 열왕기)와
	후기 예언서(이사야, 예레미야, 에스겔, 소예언서
	열두 권)
성문서	시편, 잠언, 욥기, 아가, 룻기, 예레미야애가, 전도서,
	에스더, 다니엘, 에스라-느헤미야, 역대기

유대교가 성서 정경의 테두리를 확정하는 데 영향을 끼친 요인이 몇 가지 있었다. 그 가운데 하나는 세상 널리 흩어져 계속해서 수가 늘어가고 곧 고국도 잃어버리게 될 백성을 하나로 묶어줄 표준을 세우는 일이

었다. 또 하나님의 계시는 원래 히브리어로 이루어졌으며 그런 까닭에 다른 언어로 기록된 책들-물론 히브리 성경도 아람어로 된 적은 분량을 포함한다-은 동등한 권위를 지닐 수 없다고 여긴 확신도 한 요인으로 작용하였다. 기독교의 성장도 유대교가 자체의 거룩한 문헌의 기준을 결정하는 데 영향을 끼쳤다. 기독교가 교인을 늘리기 위해 사용한 주요 수단 가운데 하나가 70인역 성경이었던 까닭에, 히브리어 정경 쪽에서는 70인역 성경에 포함되었으나 처음부터 그리스어로 기록되었거나 적어도 히브리어로는 알려지지 않은 몇몇 책은 성서로서 정통성이 없다고 밝혔다. 이 책들을 일반적으로 '외경'이나 '제2정경'이라고 부른다. 제2정경이라는 이름이 더 즐겨 쓰이는데, 이 책들이 실제로 '두 번째 정경'을 구성하는 데다 널리 금지되거나 외경이라고 주장된 적이 없기 때문이다.

이렇게 해서 그리스도인이 사용하는 성경, 곧 (제2정경을 포함한) 70인역 성경(5장을 보라)과 제2정경이 빠진 히브리 성경 사이에 차이가 생겼다. 히브리 성경 목록 곧 예루살렘 정경을 더 좋아하는 그리스도인이 있기는 했지만 그리 많지 않았고, 일반적으로 교회는 70인역 성경인 알렉산드리아 정경을 따랐다. 4세기 후반에 히에로니무스가 통상 불가타 역본이라고 알려진 라틴어판을 펴내면서 히브리 정경만 넣으려고 했으나 교회의 권위자들에게 굴복하여 결국 제2정경의 책들도 넣었다. 제2정경의 책들은 종교개혁 전까지 계속 기독교 성경에 포함되었지만, 종교개혁이 원어 번역을 강조하면서 히브리 정경을 되살리고자 하는 운동이 시작되었다. 그래서 오늘날 가톨릭 성경과 개신교 성경의 주된 차이는 제2정경의 책들이 가톨릭 성경에는 들어 있는 반면에 개신교 성경에는 없

1장. 기독교의 처음 성경들: 언어와 내용

다는 것이다. 간단히 말해, 현대 히브리 성경의 책들은 대체로 배열 순서만 다소 차이가 날 뿐 개신교 성경에 속한 책들과 동일하다는 뜻이다.

제2정경에 속하는 책들은 토비트(토비아라고도 부른다), 유딧, 마카베오상하, 솔로몬의 지혜서, 집회서, 바룩, 그리고 에스더와 다니엘에 추가된 작은 부분들이다.

토비트는 앗시리아에 포로로 끌려가 눈멀고 궁핍하게 되었으나 계속 신실하게 하나님께 헌신하고 자선을 베푸는 데 힘쓴 유대인 토비아스의 이야기이다. 욥의 경우처럼 토비아스의 고난도 그의 믿음과 성품을 강하고 순결하게 다듬고자 하나님이 행하시는 시험으로 여겨진다.

유딧의 배경은 신처럼 높아지기를 원했던 느부갓네살왕의 통치 시기다. 느부갓네살은 자기를 경배하지 않는 모든 나라를 정복하라고 부하 홀로페르네스 장군에게 지시하고 그 임무를 완수하도록 큰 군대를 맡겼다. 이 이야기에 따르면 이스라엘 백성은 최근에 포로 생활에서 돌아왔고 장로 회의가 백성을 다스렸다. 홀로페르네스의 군대는 이스라엘 북부로 밀고 들어와 어느 도시를 포위해 공격했다. 그 도시는 용맹스럽게 저항했으나 저항이 성공할 가망이 거의 없었다. 그때 과부가 된 지 삼 년이 조금 넘은 유딧이 공들여 치장하고는 적군에게 찾아가서 자기는 히브리 사람들에게서 도망쳐 나왔다고 하면서 홀로페르네스에게 성으로 들어가는 방법을 알려 주고 싶다고 말했다. 술로 흥겨워진 연회에서 유딧이 홀로페르네스를 유혹하여 잠자리로 이끌었다. 유딧은 술에 취해 늘어진 장군하고만 천막에 있게 되자 장군의 목을 베어 자루에 담고는 기도하러 간다는 핑계로 천막에서 벗어났다. 그리고 이스라엘의 장로들에게 홀로페르네스의 머리를 성벽에 내걸라고 했다. 바빌로니아 군대는 자기네 장군의 머리가 걸린 것을 보고는 달아났다. 수세기 내내 기독교 미술에서는 유딧이 홀로페르네스의 머리를 들고 있는 모습을 즐겨 그렸다.

마카베오상하는 사실은 한 권이고, 알렉산드로스대왕의 제국이 분열된 이후에 일어난 일을 기록한다. 유대인들이 시리아 통치자들과 이집트 통치자들 사이의 긴장과 불화를 이용해서 맛다디아와 그의 아들들의 지휘 아래 반란을 일으켰다. 이 책에는 맛디디아의 아들 가운데 한 명인 유다 마카베오의 이름이 나오는데, 그의 이름은 '방망이' 또는 '큰 망치'를 뜻한다. 이 책들은 원래 히브리어로 쓰였으나 기록 연대가 후대인 까닭에 히브리 성경에는 포함되지 않았다. 에스라 시대 이전에 기록된 책들만 거룩한 것으로 인정할 수 있다는 결정에 따른 것이다.

솔로몬의 지혜서는 유명한 솔로몬왕과는 사실 아무 상관이 없어 보인다. 이 책은 지혜의 찬가다. 열아홉 장 가운데 앞쪽 아홉 장은 포함된 자료의 성격상 잠언과 유사하다. 후반부는 하나님의 지혜를 여성으로 의인화하며, 지혜를 구하지 않은 결과로 히브리 백성에게 닥친 해악을 열거한다.

집회서는 연대가 기원전 2세기로 추정되고 원래는 히브리어로 쓰였으나 얼마 지나지 않아 그리스어로 번역된 것으로 보인다. 그리스어판에 따르면 집회서는 번역자의 조부 여호수아 벤 시락의 작품이다. 집회서는 내용 대부분이 지혜를 찬미하는 노래이기 때문에 잠언과 매우 유사하다. 하지만 잠언과 달리 현명한 충고를 산만하게 나열하지 않고 논리적인 순서를 따른다. 책의 끝부분에서는 이스라엘 역사상 위대한 인물들을 다루면서 그들의 업적에서 지혜가 어떤 역할을 했는지 살핀다.

바룩서는 예레미야의 제자이자 대필자인 바룩이 썼다고들 주장한다 (렘 32:12-16). 이 책은 매우 짧으며, 첫 부분은 주로 하나님 앞에서 자비를 구하는 참회의 기도다. 다음 부분에는 지혜와 회개와 희망에 대한 권고가 담겨 있다. 마지막에는 예레미야의 편지로 추정되는 글이 있는데, 우상숭배를 경고하는 내용이다.

에스더서와 다니엘서의 경우, 예루살렘 정경과 알렉산드리아 정경에 실린 두 책을 비교해 보면 알렉산드리아 정경에는 일련의 짧은 사건들이 삽입된 것을 확인할 수 있다. 마지막으로, 8장에서 살펴보겠지만 두 정경에 있는 시편이 내용은 동일하나 번호가 다르게 붙었다.

어쨌든 구약 정경과 관련된 이러한 차이점은 가톨릭과 개신교 사이의 견해 차이와는 거의 관계가 없다. (주요 예외는 마카베오서에 나오는 짧은 본문으로 연옥 이론을 지지하는 데 사용되었다.)

구약에 있는 책들의 이름을 살펴보면 개신교 성경에 붙은 이름과 전통적 가톨릭 성경에 나오는 이름이 약간 차이가 있다. 이런 차이는 주로 역사서에 해당된다. 개신교인이 각기 사무엘의 두 책과 열왕의 두 책으로 부르는 책들(개역개정에서는 사무엘상하와 열왕기상하-편집자)이 전통적 가톨릭 성경에서는 왕들의 네 책(열왕기1서에서 4서까지 있다-편집자)이다. 개신교인들이 역대기 두 책이라고 부르는 책들을 옛 가톨릭 성경에서는 '다른 것들'이나 '나머지'라는 뜻인 패럴리포메나(Paralipomena)라고 부른다. 개신교 성경의 에스라서와 느헤미야서가 가톨릭 성경에서는 에스라의 두 책이다.

이처럼 복잡한 역사는 로마 가톨릭 정경과 일치하는 알렉산드리아 정경과 개신교 정경과 일치하는 예루살렘 정경이 왜 차이가 나는지 설명해 준다. 게다가 유대교와 기독교 양쪽에서 초기에 정경들이 확정되지 않고 유동적인 상태에 있었다는 사실은, 유대인이나 가톨릭교인, 개신교인들 이 정경으로 받아들이지 않은 에녹서를 어떻게 신약성경 유다서에서는 성서로 보고 인용했는지 납득하도록 도와준다(유 1:14-15).

2장
신약의 형성

초기 그리스도인들에게 성경은 오늘날 구약이라고 부르는 책뿐이었다. 회당에서처럼 교회 모임에서 낭독하고 설명한 성경이 바로 구약이었다. 유대인이 그랬던 것처럼 초기 그리스도인들은 예루살렘에 거주하는 경우는 성전 예배에, 그 외의 경우에는 지역 회당의 예배에 계속해서 참석했다는 증거가 많다. 안식일마다 다른 유대인들과 회당에 모였던 유대계 그리스도인들은 이스라엘의 성서가 낭독되는 것을 들을 때 그 본문을 메시아 곧 기름 부음 받은 자인 예수에게 비추어 이해했을 것이고, 그렇게 이해하는 것이야말로 최근에 예루살렘에서 일어난 일에 대한 적절한 설명임을 다른 유대인들에게 납득시키려고 했을 것이다. 회당 집회가 끝나고 그 주의 일곱째 날(토요일)이 저물고 새 주의 첫날(일요일)이 시작되면, 그리스도인들은 예수의 수난과 부활을 기념하고 또 약속하신 재림을 미리 맛보고 기억하기 위해 모여서 떡을 뗐다. 그리스도인들은 결국 회당에서 쫓겨나지만, 그런 형편에서도 떡을 떼는 모임을 계속 이어 가면서 이스라엘의 성서를 읽고 해석하는 일에도 힘썼다.

그리스도인들이 이렇게 이스라엘의 성서를 읽고 공부하는 동안 몇 가지 요인으로 오늘날 신약이라고 부르는 책들이 집필되어 정경 곧 권위 있는 책의 목록으로 묶이기에 이르렀다. 이 요인은 크게 세 가지다.

첫째, 예수의 삶과 가르침을 고대 이스라엘 성서와 연관 지어서 좀 더 명료하게 언급하는 책이 필요했다. 바로 이러한 책들이 기독교 신앙을 더 직접적으로 다룬 까닭에 기독교 예배에서 금세 중심 자리를 차지했다. 그래서 2세기에 유스티누스는 기독교 예배에 관해 설명하는 중에 특별히 히브리 예언서와 "사도들의 회고록"을 낭독하는 일에 관해 다음과 같이 언급한다.

> 일요일이라고 부르는 날이 되면 도시에 살든 시골에 살든 사람들이 한 곳에 모인다. 그리고 사도들의 회고록이나 예언서를 시간이 허락하는 데까지 낭독하는데, 낭독이 끝나면 이어서 모임의 주재자가 강론을 하고 그 선한 일들을 그대로 따르라고 권고한다.
>
> 『제1변증서』 67.3-4, ANF 1:186

신약의 정경화를 이끈 둘째 요인은, 교회들 사이의 소통이 중요해지면서 그러한 소통의 수단이자 결과였던 서신이나 문서들도 중요하게 여기게 된 일이다. 이를테면 여행 중인 바울이나 밧모섬의 요한, 순교를 마다하지 않은 이그나티우스처럼 크게 존경받는 교회 지도자들이 특정 교회나 개인에게 편지를 보내면, 그 글을 곧 여러 교회가 회람하여 자기네 모임에서도 읽었다. 바울은 골로새 교회에 편지를 쓰면서 "여러분이 이 편지를 읽은 다음에는, 라오디게아 교회에서도 읽을 수 있게 하고, 라오디게아 교회에서 오는 편지도 읽으십시오"(골 4:16)라고 말한다. 요한계시록에는 교회를 특정해서 보낸 편지가 일곱 편 실려 있지만, 분명 요한은 요한계시록 전체를 일곱 교회가 그리고 가능하다면 모든 교회가 읽기를 바랐을 것이다. 그 외에 힘을 돋우는 여러 문서를 교회들이 돌려 읽고 때로는 예배 중에 낭독했다. 그중에서 특히 언급할 만한 문서는 2세기 중반에 로마에서 나온 "헤르마스의 목자"와 앞서 살펴본, 안티오키아의 이그나티우스가 쓴 서신들이다. 이 서신들과 이 서신들이 받은 호의적인 평가를 스미르나의 폴리카르푸스가 증언한다. 폴리카르푸스는 이그나티우스의 순교 직후에 빌립보 교회에 보낸 편지에 이렇게 썼다.

> 여러분이 요청한 대로, 이그나티우스가 우리에게 보낸 서신과 [그가 쓴 서신 가운데] 우리가 가지고 있는 다른 서신을 모두 여러분에게 보냅니다. 그 서신들을 이 편지에 동봉합니다. 그 서신들은 신앙과 인내, 그리고 우리 주님 안에서 온전하게 자라는 길을 다루므로 여러분도 큰 유익을 얻을 것입니다. 여러분이 이그나티우스나 그의 곁에 있던 사람들과 관련하여 어떠한 소식이든 더 알게 된다면 주저 말고 우리에게 알려 주십시오.
> "빌립보 교인들에게 보낸 서신" 13.2, *ANF* 1:36

신약의 형성에 영향을 끼친 마지막이자 셋째 요인은 그리스도인들이 돌려 읽던 많은 책 가운데서 어느 책이 예배 때 읽기에 알맞으며, 어느 책이 전반적으로 교회의 가르침과 일치하지 않아서 읽으면 안 되는지를 결정해야 할 필요성이었다. 2세기 중반에 마르키온이 제안한 정경 때문에 이러한 필요성이 촉발되었다. 마르키온은 히브리 성서의 신은 기독교의 하나님과 동일한 존재가 아니며 또 이 사실을 온전히 간파한 사람은 바울뿐이라고 확신했기에 히브리 성경을 부정하고 그 대신 누가복음과 바울 서신들을 내세웠다. 당연히 이 복음서와 서신들에서는 히브리 성경을 언급하는 모든 내용이 삭제되었다. 마르키온이 제안한 이 정경 외에도 많은 문서가 예수의 진짜 가르침이라거나 특정 사도의 활동에 대한 기록이라면서 유포되었으나, 모두 바울 서신이나 정경 복음서보다 후대의 문서였다. 그중에는 일부 신자가 상상력을 동원해 예수의 어린 시절 같은 일들을 창작한 허구의 작품이 있었다. 교리적 문제를 다루는 문서도 있었다. 특정 영지주의 교사의 교리를 신자들에게 제시하는 문서도 있었다. 발렌티누스의 "진리의 복음"이 그런 경우에 해당한다. 완전한 금욕을 강조하고 결혼을 부정하는 문서도 있었다. 안드레 행전이나 도마 행전처럼 사도들의 이름을 내건 여러 외경 행전이 대체로 이런 견해를 주장한다.

간단히 말해 어느 책은 권위 있다고 인정하면서 동시에 다른 책은 거부해야 했다. 이 일은 여러 세기에 걸친 긴 과정으로 이루어졌다. 아주 이른 시기부터 바울 서신뿐 아니라 현존하는 정경 복음서 네 권에 관해서도 전반적으로 의견이 일치했다. 예상할 수 있듯이 복음서들은 각각 그 생성 지역에서 특히 잘 알려지고 널리 사용되었다는 증거들이 있다. 예를 들어 안티오키아나 그 주변 지역에서 기록된 것으로 보이는 누가복음은 시리아 전역과 그 인근에서 즐겨 사용된 것 같다. 마가복음은 특히 로마에서 영향력이 있었다. 2세기에 히에라폴리스의 주교 파피아스가 익명의

'장로'를 저자로 내세워서 기록한 글이 마가복음의 특성을 설명해 준다.

> 마가는 베드로의 통역사가 된 후로 자기가 기억하는 일을 전부 정확하게 기록하였다. 하지만 그리스도의 말씀이나 행동을 정확한 순서대로 기술하지는 않았다. 주님의 말씀을 직접 듣지도 않았고 주님과 함께 다니지도 않았기 때문이다. 내가 말한 대로 마가는 뒤늦게 베드로와 동행하였는데, 베드로는 주님의 말씀을 일목요연하게 서술할 생각은 없었고 [자기 청중의] 필요에 따라 가르침을 조절했다. 그러므로 마가는 사실들을 자기가 기억하는 대로 기록했을 뿐 아무런 실수도 저지르지 않았다. 자기가 들은 것은 하나도 생략하지 않으려고 또 지어낸 것은 아무것도 말하지 않으려고 각별히 주의를 기울였기 때문이다.
>
> 단편 7, ANF 1:154-155

마찬가지로 요한복음은 소아시아에서 기록되었으며 처음에는 그 지역에서 널리 회람되었던 것이 확실하다.

이렇게 지역에 따라 특정 복음서를 신뢰한 경향은 2세기 후반 리옹의 주교였던 이레나이우스의 경험에서도 확인할 수 있다. 이레나이우스는 소아시아 스미르나 출신으로 오늘날의 남프랑스에 있는 교회를 이끌었는데, 그 교회의 교인 다수도 소아시아 출신이었던 것 같다. 그는 방대한 저작 『이단들을 반박함』에서 제4복음서의 권위를 옹호할 필요가 있음을 밝히고, 세상에 네 귀퉁이가 있고 바람이 네 방향에서 부는 것처럼 복음서 역시 네 권이 있어서 하나로 뭉쳐 예수 그리스도의 복음을 증언할 수 있어야 한다고 주장한다(3.11.8 - 9). 이런 주장으로 미루어 볼 때 적어도 이레나이우스가 살던 지역에는 제4복음서인 요한복음의 권위에 의문을 제기하는 사람들이 있었다.

기독교의 성서로 인정된 책들이 어떤 것인지를 밝힌 고대의 목록들을 살펴보면 대체로 오늘날 널리 인정되는 서신들 전부를 포함하지는 않으며, 또 어떤 목록들은 "헤르마스의 목자"나 클레멘스의 "고린도교회에 보낸 첫째 편지" 같은 다른 책들을 담고 있다. 그래서 이 목록들을 보면 그리스도인들이 히브리 성경에서 받아들인 책 외에 정확히 어떤 책을 자기네 성경에 포함해야 하느냐의 문제로 고심한 유동적인 시기가 있었다는 것을 알 수 있다.

신약의 정경 형성과 관련해 현존하는 아주 오래된 기록 가운데 하나가 무라토리 정경(Muratorian Canon)으로, 발견자인 예수회 학자 루도비코 안토니오 무라토리의 이름을 딴 것이다. 이 정경은 최종적으로 확정된 정경과 매우 유사하지만 짧은 서신 몇 권이 빠졌으며 또 최종 정경에는 들지 못한 몇 권의 책을 포함한다. 이 문헌은 복음서들에 관해 이렇게 말한다. "복음서들이 각기 다른 내용을 주장하기는 하지만 그렇다고 해서 신자들의 신앙에 어떠한 차이가 생기지는 않는다. 복음서는 모두 주권자이신 한 분 성령의 인도 아래, 주님의 탄생과 고난과 부활, 주님이 제자들에게 가르치신 것, 주님의 두 차례 강림에 관해 동일한 내용을 말하기 때문이다(주님의 첫 번째 강림은 멸시와 거절을 당하심으로 이미 지나갔으며, 두 번째 강림은 장차 영광스러운 왕의 권능 가운데 이루어질 것이다)."

신약의 주요 책들에 관해서는 일찌감치 전반적으로 의견이 일치했지만, 현재 형태의 정경과 모든 면에서 일치하는 현존 최고(最古)의 정경 목록은 367년에 알렉산드리아의 주교 아타나시우스가 쓴 편지에 나온다. 그러므로 신약의 정경은 교회의 권위 있는 사람들의 공식 선언의 결과가 아니라 오랫동안 천천히 진행되어 마침내 의견 일치에 도달한 과정의 결실이다.

그런데 1장에서도 밝혔지만 여기서 재차 강조할 사항이 있다. 우리는 정경의 형성을 생각할 때 주로 신학적인 토의와 결정을 위한 근거로 사용할 수 있는 책이 무엇인지를 염두에 둔다. 확실히 이것이 언제나 중요한 고려 사항이었으며, 그에 따라 신학적으로 문제가 있는 책은 그 신학적 견해 때문에, 비교적 후대에 나온 책은 그 시기 때문에 즉시 정경에서 배제되었다. 하지만 정경을 결정지은 사람들의 주요 관심사는 어느 책을 예배에서 읽어야 하며 설교의 토대로 삼아야 하느냐는 문제였다. 바로 이런 이유로 무라토리 정경에서는 베드로 묵시록을 언급하면서 "우리 가운데는 이 책을 교회에서 읽는 것을 용납하지 않을 사람도 있다"고 말한다. 397년에 카르타고에서 모인 공의회의 결의 사항에서도 이와 동일한 내용을 확인할 수 있다. 그 결의 사항을 보면, 정경에 속하는 책을 열거하면서 덧붙여 "그 밖의 다른 어느 책도 교회에서 거룩한 성서로 읽는 것"을 금지했다. 물론 이 공의회에서는, 순교자들의 행전을 성경이라고 주장하지만 않는다면 순교자들의 기념일에 읽어도 좋다는 여지도 열어 놓았다. 간단히 말해, 우리가 신약의 정경에 관해 논하면서 흔히 간과하는 사실은, 정경 형성의 오랜 과정에서 결정적 요소로 작용한 것은 어떤 책이 예배의 언어와 실천에 도움이 될 수 있겠느냐는 문제였다는 것이다.

초기 교회의 성경

마지막으로 신약의 형성 문제를 마무리 짓기 전에, 정경 복음서들처럼 세부적인 면에서 차이가 많은 네 권의 책을 그리스도인들이 성서에 포함한 이유가 무엇인지에 관해 살펴보자. 이미 고대 교회에도 복음서 간의 이러한 차이에 의문을 품은 사람들이 있었다. 예를 들어 3세기 초에 알렉산드리아의 위대한 신학자 오리게네스는 예수가 제자들에게 서로 다른 두 개의 기도를 가르쳤다고 주장했다. 마태복음에 나오는 주기도문이 누가복음에 나오는 주기도문과 많이 다르기 때문이다.

훗날 기독교를 비판하는 사람들은 이러한 차이점을 근거로 그리스도인들이 네 권의 복음서에 정경의 지위를 부여하면서 복음서들 사이에 존재하는 차이점을 인식하지 못했다고 주장했다. 이러한 주장에 흔히 제기된 반론은, 복음서들을 대충 이해하는 사람조차 납득시킬 수 없는 설명으로 그 차이점을 덮으려는 것이었다. 예를 들어, 마태복음에 나오는 예수의 족보와 누가복음의 족보가 다른 이유는, 한쪽은 마리아 계통의 족보요 다른 쪽은 요셉 계통의 족보를 말하기 때문이라는 식이었다. 이러한 설명은 시간을 들여 두 족보에 나오는 이름들을 비교해 본 적이 없는 사람에게나 통할 만한데, 두 복음서의 본문 자체를 살펴보면 이런 방식으로는 차이점을 해명할 수 없기 때문이다. 복음서들을 통합하여 단권으로 묶어 보려고 한 사람들도 있다. 2세기에 이미 타티아누스가 '넷에 의하여'라는 뜻인 디아테사론(Diatessaron)을 제목으로 하여 그러한 편집본을 만들어 냈다. 사복음서를 조화시켜 요약한 이 책은 특히 시리아와 나머지 시리아어권에서 한동안 큰 인기를 얻었다. 하지만 결국 신약의 정경은 뚜렷하게 차이가 나는 복음서 네 권을 포함하는 쪽으로 결정되었다. 최근에는 복음서

'대조본'을 다수 볼 수 있는데, 유사하지만 여러 면에서 상이한 본문들을 세로 단으로 나란히 배치함으로써 사실상 차이점을 확연하게 드러낸다.

교회에서 서로 다른 복음서 네 권을 정경에 포함하기로 결정한 이유를 이해하려면 초기 그리스도인들이 맞닥뜨렸던 몇 가지 문제를 살펴보아야 한다. 예수 그리스도의 이름과 그가 사회에 끼친 영향이 매우 강력했기에 많은 사람이 예수의 메시지와 이름을 자기네 종교 이론 및 학파와 결합하고자 했다. 당시는 사람들이 삶의 의미를 추구하면서, 그 의미는 오직 영적 실재 속에서만 찾을 수 있고 물질적인 것은 모두 진리를 향한 길에 놓인 장애물이라고 흔히들 확신하던 때였다. 이러한 확신은 예수의 가르침뿐 아니라 히브리 성경 전체의 가르침과도 완전히 상충했다. 히브리 성경에서는 하나님을 물질뿐 아니라 영적인 것도 포함하는 만물의 창조자로 이해했다. 물질보다 영적 실재를 주로 강조하다 보니 많은 사람이 예수의 육체적 실재를 부정하거나 기껏해야 중요하지 않게 생각하게 되었다. 암호 역할을 하는 특정 비밀들을 알면 인간의 영혼이 좀 더 고차적인 영역으로 들어갈 길에 다다른다고 확신하는 사람들도 있었다. 이러한 다양한 견해를 가리켜 흔히 '기독교 영지주의'라고 부르는데, 예수나 그리스도의 이름과는 상관없이 자신들의 이론을 주장한 영지주의자들도 있었기 때문이다. 2세기 말과 3세기로 이어지는 이러한 상황에서 여러 '복음서들'이 생겨나서 제각각 유일하고 참된 진리라고 주장하였다. 그 복음서들에도 대체로 소위 예수에 관한 교훈이라고 여기는 내용이 담겨 있지만, 거기서 제시하는 삶의 목적과 세상은 히브리 성서에서 증언하는 내용과 정반대였다. 교회는 이렇게 각기 자기만 유일한 진리라고 주장하는 많은 복음서에 대응하여 복음서의 장르를 총 넷으로 다양하게 제안하였다. 이 네 개의 복음서는 다양한 이야기와 세부 내용 면에서는 서로 달랐지만 교리의 여러 핵심 사항은 일치하였다. 곧 하나님은 존재하는 만물의 창조자시며 그렇기에 존재하는 모든 것은 선하다. 하나님은 오직 한 분이며 당신의 피조물과 사랑의 관계를 맺으신다. 하나님은 이스라엘의 성서 속에서 말씀하셨고 지금도 말씀하신다. 이 하나님이 예수 그리스도 안에서 사람의 몸을 입으셨으며, 예수 그리스도는 죽으시고 부활하심으로써 회복된 새 창조 세계의 시작이 되셨다. 그리고 이 새 창조 세계는 예수께서 다시 오심으로 완성될 것이다. 교회는 이처럼 서로 다르면서도 핵심 사항은 일치하는 네 가지 증언을 주장함으로써 나중에 단일한 복음을 주장하고 나선 사람들을 논박할 수 있었다.

이와 동시에 교회는 사복음서를 정경에 포함함으로써 내부에서도 다양성을 널리 용납할 수 있는 개방적 태도를 열어 놓았다. 사복음서들은 각각 교회 내에서 특정한 사람들에게 사랑을 받았다. 소아시아의 그리스도인들은 요한복음을 좋아했으며, 이에 반해 유대-기독교 공동체의 그리스도인들은 마태복음을 좋아했고 시리아의 사람들은 오랫동안 누가복음을 사용하였다. 따라서 신약의 정경은 자체의 다양성에 힘입어, 점차 다양성이 증대되는 형편에서도 교회가 하나를 이룰 수 있는 길을 열어 놓았다.

3장
초기 기독교 성경의 외양

전 세계 다양한 문화의 기원을 공부하다 보면 여러 지역에서 독자적으로 글자가 등장한 것을 보게 된다. 고대 이집트와 중국, 마야 사람들이 각기 고유의 글자 형태를 개발하였다. 가장 초기의 글자 형태는 흔한 동물과 사물의 형상을 단순하게 정형화해서 그것이 가리키는 말의 소리와 연결한 것이었다. 그러한 글자 형태에는 읽고 쓰기 위해서 배워야 하는 기호가 수없이 많았으며 지금도 여전히 그렇다. 비교적 한정된 수의 기호로 글쓰기를 가능하게 해주고 각 기호가 특정한 소리를 나타내는 체계인 알파벳[자모(字母)]이 최초로 등장한 곳이 바로 오늘 우리가 성서의 땅이라고 부르는 고대 근동 지역이었다. 그러한 표음 문자가 언제 나타났는지를 정확히 밝히기는 불가능하다. 전통적으로 그리스와 로마의 알파벳뿐 아니라 히브리어의 근간을 이루는 알파벳을 페니키아인이 발명했다고들 한다. 이러한 알파벳이 약간은 변동이 있지만 지금도 영어를 포함하여 아주 많은 언어를 기록하는 데 쓰인다. 기원전 3세기 때 히브리 사람들은 알파벳에 변화를 주어 네모 모양으로 만들었다. 바로 이 '정방형 알파벳'

을 오늘날 히브리어 알파벳으로 쓰고 히브리 성경 인쇄에 주로 사용한다. 고대 알파벳이 완전히 폐기되었다는 말은 아니다. 고대에는 두 가지가 함께 사용되었으며 그래서 20세기에 발견된 사해 문서를 보면 고대 알파벳으로 기록된 것도 있고 정방형 알파벳으로 기록된 것도 있다.

표의 문자로든, 이집트 사람들이 사용하던 성각 문자(hieroglyphics)로든, 알파벳 문자로든 간에 글을 쓰는 데는 다양한 재료가 사용되었다. 가장 초기의 재료 가운데 하나가 돌이었는데, 이것은 현존하는 많은 비문에서 볼 수 있다. 고대 메소포타미아에서는 점토판에 글을 새긴 후 구워서 영구 보존하고자 했다. 간단한 기록을 담는 데는 깨진 도자기 조각을 흔히 사용했다. 그런 조각들은 모양 때문에 '굴'이나 '도편'이라고 불렸다. ('도편추방제'[ostracism]라는 말이 여기에서 나왔는데, 고대 아테네에서 어떤 사람의 추방을 놓고 투표할 때 이 재료에 표기했기 때문이다.) 때로는 금속판을 사용하기도 했다. 이것은 제사장의 예복에 관해 지시하는 출애굽기 28:36에서 확인할 수 있다. "너는 순금으로 패를 만들어서, 그 위에, 인장 반지를 새기듯이 '주님의 성직자'라고 새겨라." 이외에 천과 나무와 그 외 여러 재료가 쓰였다. 그러한 재료는 도자기 조각이나 돌처럼 영구적이지 않았기 때문에, 그 위에 기록한 글은 대부분 소실되었다.

고대에 이처럼 여러 재료가 사용되기는 했지만, 아주 널리 사용된 두 재료는 파피루스와 가죽이었다. 파피루스(papyrus)는 오늘날 우리가 사용하는 '종이'(paper)라는 단어의 어원으로 강변이나 습지에서 자라는 식물이다. 이집트에는 파피루스가 지천이었고, 아마도 바로 이집트에서 파피루스 섬유질을 이용해 오늘날 종이라고 부르는 것과 비슷한 것을 제작하는 공정이 발명되었다. 기원후 1세기에 살았던 로마 시대의 작가 대(大) 플리니우스는 이 식물을 똑같이 '파피루스'라고 불리는 글쓰기 재료로 만드는 과정을 자세하게 기록으로 남겼다. 플리니우스의 설명 중에 몇 가지는 꽤 혼란스러워 이해하기가 어렵다. 하지만 최소한 이 식물의 줄기를 가늘고 길게 가르는 데 바늘을 사용했다는 점은 분명하다. 줄기의 중간쯤에서 갈라 낸 조각이 가장 품질이 좋아서 질 좋은 재료를 만드는 데 사용했다. (품질에 따라 파피루스를 자세히 분류하는 체계가 있었다.) 조각들을 나일강에서 길어온 물에 불리고 나서, 판자 위에 나란히 놓았다. 이렇게 놓은 조각들과 엇갈리게 다른 조각들을 겹쳐서 둘째 층을 쌓았다. 그리고는 이 파피루스 판을 압착한 후 햇볕에 말렸다. 파피루스 한 장의 크기는 세로가 25센티미터 정도였고 가로는 그리 길지 않았다. 파피루스가 다 마르면 나란히 이어 붙여서 두루마리를 만들었다. 플리니우스에 따르면 두루마리 하나에 대체로 파피루스 스무 장이 들어갔지만, 훨씬 더 긴 두루마리에 대해 말하는 저자들도 있다. 두루마리가 길어지면 양쪽 끝에 막대기를 덧대서 한쪽 끝을 풀고 다른 쪽 끝을 감아가면 쉽게 다룰 수 있었다. 비교적 중요하지 않은 내용이나 짧은 전언이 담긴 작은 두루마리에는 그러한 지지대가 필요하지 않았다. 두루마리를 보호하기 위해 보통은 사해 두루마리의 경우처럼 질그릇에 넣어 두었다.

두루마리가 지나치게 길면 쉽게 찢기고 다루기도 힘들었기에 문서 양이 많아 두루마리 하나에 다 넣을 수 없을 때는 두 개 이상으로 나누었다. 이렇게 나뉜 각각을 그리스어로 '절단'이나 '분할'을 뜻하는 '토메'(tome)라고 불렀다. 이는 dichotomy(이분법), appendectomy(맹장 수

술), lobotomy(전두엽 절제술) 같은 영어 단어에서 볼 수 있다.

이러한 특징 때문에 히브리 성경이 그리스어로 번역되면서 새로운 문제가 생겼다. 히브리어로는 자음만 기록했는데, 그리스어 기록에는 자음과 모음이 모두 들어갔기 때문이다. 그 결과 히브리어 본문이 그리스어로 번역되면서 훨씬 더 길어졌다. 그리스어 역본이 지나치게 길어졌기에 원래 히브리어 본문으로는 두루마리 하나였던 책들이 그리스어 역본에서는 둘로 나뉘게 되었다. 우리가 지금 사무엘서를 두 권으로 나누어 부르지만 히브리 성경에서는 한 권인 것이 그러한 경우다.

파피루스가 글을 기록하는 재료로 가장 널리 사용되었으나 고대의 파피루스는 대부분 사라져 버렸다. 습기 때문에 파피루스가 서서히 분해되었기 때문이다. 현존하는 파피루스 대부분은 이집트와 헤르쿨라네움 유적에서 나왔다. 헤르쿨라네움은 폼페이를 휩쓸어서 유명해진 화산 폭발로 파괴되었고, 그 폭발로 대 플리니우스도 죽었다. 그 도시의 잔해에서 파피루스에 기록한 문서가 많이 발견되었는데, 베수비오 화산재 덕분에 보존된 것이었다. 하지만 그중에 유대교나 기독교와 관련된 문서는 단 하나도 없다. 이집트에서 발견된 파피루스가 훨씬 더 흥미롭다. 그곳은 기후가 건조하여 파피루스가 많이 보존되었으며 대부분 단편(fragment) 형태로 남아 있다. 이들 문서에는 유대교와 기독교의 문헌이 들어 있다. 기독교 문서 중에는 신약의 단편이 몇 개 들어 있다. 비록 단편 형태이기는 하나 우리가 신약에서 보는 본문의 가장 오래된 사본이라는 점에서 매우 흥미롭다.

글쓰기에 널리 이용된 재료로는 가죽도 있었다. 가죽은 파피루스처럼 직사각형으로 자를 수 있었다. 가죽을 하나로 이어 붙여서 앞서 살펴본 파피루스처럼 두루마리로 만들 수 있었지만, 훨씬 더 무겁고 양도 훨씬 더 많기는 했다. 가죽은 무게 때문에 파피루스보다 불편했으나 내구성이 더 좋다는 장점이 있어서 히브리인의 예배에서 읽히는 책에 흔히 사용되었다. 그러한 연유로 탈무드에서는 회당에서 읽히는 두루마리는 가죽으로 만들어야 한다고 규정하였다. 지나치게 긴 가죽 두루마리는 무겁고 다루기 힘들었을 것이다. 이것이 모세오경이 오늘 우리가 아는 대로 다섯 권으로 나뉜 이유 가운데 하나다.

가죽 중에 특별한 가죽이 '양피지'라고 알려진 가죽이었다. 양피지는 무두질한 가죽이 아니라, 물에 석회를 풀어서 양이나 염소나 송아지의 가죽을 담갔다가 펴서 말리고 양면이 아주 부드럽게 될 때까지 문지른 후에 필요한 크기로 잘라낸 것이다. 이러한 방법은 아주 이른 시기부터 사용되었지만, 파피루스가 귀하던 시대인 기원전 2세기에 자기네 도서관을 자랑스러워하던 도시 페르가몬이 이 '양피지'의 생산으로 유명해져서 이 재료가 페르가메나(pergamena, 여기서 양피지에 해당하는 영어 단어 'parchment'가 나왔다)로 불릴 정도가 되었다. 이러한 연유로 양피지가 페르가몬에서 발명되었다는 잘못된 생각이 생겨났다. 최상품 양피지는 벨럼(vellum)이라고 불렸으며 지금도 사서나 수집가들은 그렇게 부른다. 가장 오래되고 완벽하거나 완벽에 가까운 상태로 남아 있는 신약 사본은 4세기와 5세기에 양피지에 기록되었다. 그리스도인들이 양피지를 사용한 기록은 디모데후서 4:13에서 볼 수 있는데, 거기서 바울은 디모데에게 "책들은 특히 가죽 종이에 쓴 것"을 가져오라고 말한다. 이 말은 그리스어 원어로 '양피지'를 말한다.

그런데 이처럼 가장 오래되고 거의 완벽하게 보존된 신약 사본들(시나이 사본, 바티칸 사본, 알렉산드리아 사본, 베자 사본) 대부분은 두루마리가 아니라 코덱스(codex) 형태다. 코덱스는 현대의 책처럼 여러 페이지를 묶거나 꿰매서 만들었다. 원래 이 페이지들은 나무판들을 사용해 가장자리에 구멍을 내고 끈으로 묶어서 만들었다. 이것이 '코덱스'라는 말의 기원으로, 라틴어로 '판'을 뜻하는 카우덱스(caudex)에서 유래했다. 처음에는 그와 같은 판 두 개만 하나로 묶어 사용했으며, 그 경우에는 '디프티카'(diptych, 2연판)라고 불렸다. ('디프티카'는 고대 기독교의 예배사에서 중요하다. 공식 디프티카는 주교들의 이름을 적어 놓고 교회가 그들을 위해 기도하는 용도로 사용했다. 어느 주교가 디프티카에서 동료 주교의 이름을 지운다면 교제를 끊는 것이나 마찬가지였다.) 당연히 디프티카는 양이 많은 문서에는 사용할 수 없었다. 시간이 흐르면서 코덱스의 판 수가 증가하였으나 판의 두께 때문에 만들 수 있는 크기는 한정적이었다. 대개 목재 코덱스 판에는 밀랍을 바르고, 그 밀랍을 긁어서 글을 썼는데 이렇게 하면 판을 재사용하기가 수월했다. 보통 이러한 서판은 오래가는 글보다는 임시 기록에 사용했다. 바울이나 기타 기독교 저자들이 편지나 문서를 받아쓰게 했을 때 대필자가 처음에는 밀랍을 바른 판에 기록했다가 나중에 좀 더 오래가는 형태로 옮겨 적었을 가능성이 크다.

파피루스와 양피지 중에 어느 것으로 만들었든지 코덱스는 두루마리보다 다루기가 훨씬 편했다. 두루마리에서 특정 본문을 찾으려면 원하는 구절에 이를 때까지 두루마리를 풀어야 하지만 코덱스에서는 원하는 쪽을 곧바로 찾을 수 있었다. 토론을 준비하면서 어느 본문을 미리 준비해 두려면 아주 간단하게 그 부분에 실이나 천 조각이나 그 외의 다른 재료로 표시하면 된다. 설교자는 특정 본문을 표시해 놓았다가 설교 도중에 쉽게 인용할 수 있었다. 두루마리에서 이런 작업을 하려면 훨씬 더 어려울 수밖에 없다. 게다가 두루마리는 문서의 중심 부분은 보존이 쉽지만 처음 부분은 걸핏하면 풀었다가 감아야 하므로 쉽사리 손상되었다. 이 모든 이유로 기독교 시대가 시작될 무렵에 코덱스 형태가 두루마리를 대체하기 시작했다. 그렇기는 해도 특정 공식 문서에는 두루마리를 계속 사용했으며 오늘날도 졸업식에서 수여하는 학위증에 사용하는 경우가 많다. 두루마리를 도기에 넣어 보존했듯이 코덱스들은 흔히 가죽 상자에 넣었지만, 이러한 상자 중에 남아 있는 것이 거의 없다.

코덱스 형태에 대한 선호도 증가와 기독교의 성장 사이에 어떤 관계가 있었겠는지를 두고서 학자들은 여전히 논쟁 중이다. 코덱스의 인기 상승과 기독교의 확장은 분명 시기가 일치한다. 코덱스는 1세기에 특히 로마에서 이미 알려지고 사용되었다. 코덱스의 전통적인 용도는 밀랍을 바른 서판의 용도와 유사해서 간단한 사항을 적거나 독촉장을 전달하는 것이었고, 저작물 기록에는 별로 사용하지 않았다. 1세기 후반에 상황이 바뀌기 시작했다. 바로 그 무렵에 시인 마르티알리스가 자신의 시를 양피지 코덱스에 필사하여 배포하자고 제안했다. 그때부터 코덱스의 인기가 더욱 더 커졌다. 이 일이 일반 대중보다는 기독교 진영 내에서 훨씬 더 빠르게 일어났다는 사실은 특이하면서도 이유를 설명하기가 어렵다. 2세기에 그리스어로 기록된 현존 이교 문헌 중에 코덱스에 쓰인 것은 2퍼센트가

초기 교회의 성경

채 안 되며 나머지는 두루마리에 쓰였다. 그러나 고대에 파피루스에 기록한 신약은 당시의 다른 기독교 문서들과 마찬가지로 코덱스 형태였다. 이러한 점에서 그리스도인들이 사회의 나머지 사람들에 앞선 것으로 보이는데, 일반 대중 사이에서는 3세기에 들어와 두루마리 형태 사본 비율이 줄어들면서 코덱스의 수가 늘기 시작했기 때문이다. 왜 그리스도인들이 코덱스가 더 널리 통용되기 전부터 코덱스를 선호했는지는 확실치 않다. 코덱스가 두루마리보다 훨씬 저렴했고, 그래서 대체로 가난하던 그리스도인들이 구입하기가 한결 쉬웠을 것이라고들 한다. 하지만 이 주장은 부유하던 그리스도인들 사이에서도 두루마리보다 코덱스가 즐겨 사용된 이유를 설명하지 못한다. 어떤 사람들은 앞에서 밝힌 이유로 해서 코덱스가 논쟁 상황에서 더 편리했기 때문이라고 말한다. 또 다른 학자들의 주장에 따르면, 바울 서신이나 특정 복음서처럼 큰 권위가 있는 문서들을 처음에 코덱스 형태로 회람했는데 필사 과정에서 자연스럽게 코덱스 형태가 유행하게 되었다. 사실 이 중에 어느 것 하나 확실한 이론이 없다. 코덱스 사용이 사회의 다른 영역보다는 기독교 진영에서 훨씬 빠르게 유행하게 되었다고만 확언할 수 있을 뿐이다.

파피루스와 양피지 중에 어느 것에 적든지 잉크로 필사했다. 잉크는 물과 그을음을 섞어 만들었으며 때로는 더 오래가도록 아라비아 고무액이나 다른 물질을 첨가하기도 했다. 대 플리니우스는 파피루스 제작에 관한 기록을 남겼을 뿐 아니라 고대의 잉크 제조법도 알려 준다. 이 제조법에 따르면 그을음과 고무나무 진 외에도 송진과 포도주 찌꺼기와 기타 몇 가지 원료가 들어간다. 그 결과물이 검은 잉크다. 그래서 고전 그리

43

스어는 물론이고 신약의 코이네 그리스어에서도 잉크에 해당하는 단어는 '멜란'(melan, '검은')이다. 잉크는 보통 건조 보관하다가 사용할 때 물을 섞었다. 이 잉크의 가장 큰 결점은 오래가지 않는다는 점이었다. 고무진과 다른 재료를 다 넣어도 물 때문에 쉽게 지워지거나 적어도 번질 수 있었기 때문이다. 누군가 참나무에서 자라는 혹의 추출물을 첨가하면 잉크가 좀 더 오래간다는 사실을 발견했다. 하지만 고대인들이 미처 몰랐던 사실이 있는데, 이 물질은 파피루스를 상하게 만드는 성질이 있었으며 그래서 이 잉크를 사용한 필사본은 크게 손상되어 때로는 판독이 불가능한 지경이 되었다.

고대의 사본에 널리 사용하지는 않았으나 당시 다양한 색의 잉크들이 있었다. 가장 흔한 잉크는 붉은색이었으며 산화철로 만들었을 것이다. 예식서에는 붉은 잉크로 제목과 지시 사항을 표기하였는데, 오늘날 그런 표기들을 '루브릭'(rubrics, 곧 붉은색으로 적은 글)이라고 부른다. '자주'는 지중해 동부에 사는 연체동물의 잉크 주머니에서 추출한 값비싼 염료였다. 이 염료는 특별한 문서의 중요성을 강조하는 데 사용되기도 했다. 또 전승에 따르면 유대 제사장인 엘르아살이 파라오 프톨레마이오스 2세에게 금으로 쓴 히브리 성경을 주었다고 한다. 이렇게 잉크가 다양하게 있었으나 고대 그리스도인들이 사용한 성경 사본은 대체로 파피루스나 양피지에 검정 잉크로 쓴 코덱스였다.

밀랍 바른 서판에 글을 쓰는 도구는 작고 뾰족한 나무나 철 조각으로 '스틸루스'(stylus, 첨필)라고 불렸는데, 여기에서 오늘날 우리가 쓰는 '스타일'(style)이라는 말이 나왔다. 파피루스에 잉크로 쓸 때 가장 일반적으로 사용한 도구는 파피루스 풀줄기로 만든 작은 붓이었다. 예레미야 8:8에 나오는 "서기관들의 거짓된 붓"이 바로 이것이었을 것이다. 나중에 양피지가 더 보편적으로 사용되었을 때도 펜은 여전히 파피루스 줄기로 만들었는데 이때는 끝을 뾰족하게 다듬고 끝부분에 작은 구멍을 내서 잉크를 머금을 수 있게 했다. 이 도구를 '칼라모스'(kalamos)라고 불렀는데 그리스어로는 단순히 '갈대'라는 뜻이다. 라틴어에서 원래는 갈대나 지푸라기라는 뜻이던 '칼라무스'(calamus)가 마침내 필기도구를 의미하게 되었다. 훨씬 나중에 깃털을 같은 용도로 사용하면서도 마찬가지로 '칼라미'(calami)라고 부르게 되었다.

이 모든 사실로 미루어 볼 때 초기 그리스도인들이 함께 예배할 때 두루마리 형태인 히브리 성경과 더불어 오늘날 신약이라고 불리는 코덱스 형태의 문서도 함께 사용했으리라고 추정할 수 있다. 조금 더 시간이 흐른 후에는 이 모든 책이 코덱스 형태가 되었을 것이다. 원래 그리스어로 기록된 책은 물론이고 히브리어 두루마리에서 그리스어로 번역된 책도 마찬가지다. 한참 뒤에는 라틴어 코덱스도 등장했을 것이다.

4장
장과 절

고대의 성경과 오늘 우리가 사용하는 성경의 가장 두드러진 차이라면 고대의 성경은 본문이 장과 절로 나뉘지 않았다는 점일 것이다. 그래서 사도행전에서 에티오피아 사람이 이사야 53장을 읽고 있다는 사실을 언급할 때 장절을 밝히지 않고 "그가 도살자에게로 가는 양과 같이 끌려갔고…"(행 8:32)라며 그 구절 시작 부분을 인용한다. 오늘날이라면 그냥 간단히 그가 이사야 53장을 읽는 중이라고 말할 것이다. 하지만 고대에 저자가 특정 본문을 가리키려면 그렇게 하는 수밖에 없었다.

고대 히브리 성경은 장절로 나뉘지는 않았으나 단락이 어디에서 시작하고 끝나는지 알 수 있도록 구분을 해놓았다. 이러한 구분이 예배에서 성서를 낭독해야 할 때 유용했지만 번호를 붙여 놓지는 않았기 때문에 성경 인용에는 이용할 수 없었다. 나중에 다른 구분 방식을 추가했는데 이것 역시 회당에서 본문을 읽을 때 도움을 주기 위한 것이었다. 이러한 상황이 오래 지속되었으며, 15세기에 이르러서야 지금도 사용하는 구분 방식이 히브리 성경에 적용되었다.

초기 기독교의 성경도 장절 구분이 없었다. 4세기에 카이사레아의 에우세비우스가 복음서들을 장으로 나누자고 제안했다. 그가 제안한 구분이 오늘날과는 다른데, 많은 사람이 이용하기는 했어도 모든 사람이 표준으로 인정하지는 않았다. 10세기에 들어와서야 장으로 나눈 성경 사본이 드디어 등장한다(그러나 절로는 나누지 않았다). 그때 이후로 많은 성경을 장으로 나누기는 했지만 방식이 가지각색이었다.

중세 말에 이르러 성경 본문을 장으로 먼저 나누고 나서 절로 나누는 것이 통례가 되었다. 이러한 구분은 대학교의 연구와 토론에서 제기된 방법론 문제 때문에도 필요하게 되었다. 중세에 대학교의 주된 학문 활동은 문제 토론(quaestiones disputatae)이라고 알려진, 특정 명제에 대한 찬반 토론이었다. (논쟁적 방식도 사용되었는데, 이 방식은 예를 들어 어느 교수든지 신학 박사 학위를 취득하려 할 때 제출해야 하는, 성경 주해나 페트루스 롬바르두스의 『명제집』[Sentences] 주해에 사용되었다) 이러한 '문제 토론' 활동에서는 주로 문제나 논제를 제시하고 그에 대한 찬반 논증을 모았다. 경우에 따라서는 학생과 교수들이 성경을 포함해 여러 권위 있는 전거(典據)에서 인용문을 모아 체계화할 수 있도록 며칠 동안 연구가 이어졌다. 이 작업은 쉽지 않았는데, 성구 색인 같은 것이 없었기 때문이다. 성경이나 기타 중요한 문헌을 소장한 사람들은 자신의 연구 자료에 장 번호를 매겼고, 그렇게 하면 주를 달거나 추후에 특정 구절을 찾을 수 있었다. 이러한 구분 방식과 표시는 대부분 개인 용도였고, 학자들이 각자 연구와 학문 활동을 위한 보조 수단으로 고안해 사용했던 것들이다.

처음에는 학자와 학생이 자기 나름으로 본문을 구분하여 사용했지만 결국 널리 퍼진 방식은 1207-1228년에 캔터베리 대주교였던 스티븐 랭턴이 창안한 것이었다. 기독교 학자들뿐 아니라 유대교 랍비들까지도 곧바로 랭턴이 제시한 방식에 따라 성서를 구분하기 시작했으며, 15세기 무렵에는 이 방식이 관행이 되었다.

장을 절로 나누는 데는 훨씬 더 오래 걸렸다. 절을 나누는 방식도 다양하게 있었지만 전부 그다지 유용하지는 않았던 것이 분명하다. 오늘날 사용하는 방식은 1551년에 그리스어와 라틴어 신약 인쇄본에 처음으로 모습을 드러냈다. 그리스어본은 에라스무스 판본을 따르고 라틴어본은 히에로니무스의 불가타 판본을 따랐다. 2년 후 프랑스어로 번역된 성경이 동일한 방식을 따랐다. 1555년에 불가타 역본 전체가 최초로 장과 절로 구분되어 출간되었다. 그때 이후로, 다양한 언어로 출간된 성경 대부분이 동일한 구분 방식을 따랐다. 이러한 표준화 작업에 크게 기여한 사람이 프랑스의 프랑수아 1세 치세 아래 많은 업적을 이룬 인쇄업자 호베흐 에스띠엔느다. 에스띠엔느는 프랑수아왕이 죽은 후 왕실의 후원이 끊어져 소르본의 가톨릭 신학자들에게 큰 압박을 받자, 제네바로 피신하여 인쇄업을 성공적으로 이어가면서 앞서 언급한 성경뿐 아니라 칼뱅의 저술도 많이 간행하였다.

1555년판 불가타 역본에는 오늘날에도 통용되는 또 한 가지 특징이 있었다. 그때까지만 해도 절 번호는 본문의 가장자리에 들어갔다. 1555년판 불가타 역본은 최초로 절 번호를 각 절 시작 부분에 넣었다.

지금은 장절로 구분하는 방식이 거의 보편적이기 때문에 우리는 그 중요성을 실감하지 못하는 경우가 많다. 그러한 구분 덕분에 우리가 성경

초기 교회의 성경

용어 색인과 기타 유사한 성경 연구 보조자료를 이용할 수 있다. 우리가 연설이나 저술이나 설교에서 성경 본문의 특정 구절을 꼭 집어 말할 수 있는 것도 바로 그 방식 덕분이다.

한편으로는 이러한 구분 때문에 본문 전체의 맥락을 파악할 수 없는 경우도 있다. 이것을 잘 보여주는 사례가, 많은 사람이 암기하는 사랑의 찬미를 담고 있는 고린도전서 13장이다. 흔히 우리는 고린도전서 13장이 영적 은사를 다루는 긴 논의의 결론에 해당하며, 지금은 12장 끝에 있는 바울의 말인 "이제 내가 가장 좋은 길을 여러분에게 보여 드리겠습니다"라는 구절이 이 특정한 장의 도입부라는 사실을 보지 못한다. 이 경우에는 장으로 구분한 것이 핵심 논점을 흐리게 한다. 바울의 논점은 사랑이 그 밖의 영적 은사들, 곧 고린도 교인들 사이에서 사랑의 관계를 방해할 수도 있는 모든 영적 은사들보다 훨씬 더 탁월하다는 것이다.

또 한 가지 흥미로운 사례는 요한계시록 12:18에서 볼 수 있다. 이 절은 그리스어 이문(異文, variant)이 있어서 "그 용이 바닷가 모래 위에 섰다"로 해석할 수도 있고 "내가 바닷가 모래 위에 섰다"로 해석할 수도 있다. 신개정표준역 성경(NRSV)에서는 가장 적합한 해석을 따라 이 18절을 앞에 있는 12장이 아니라 뒤에 오는 13장에 묶는 방식으로 본문을 출간했다. 간단히 말해, 특히 이 구절은 12장의 결론으로 이해하느냐 13장의 시작으로 이해하느냐에 따라 그 의미가 달라진다.

성경 연구자들은 이러한 구분이 매우 유용하기는 하지만 본문의 의미를 가릴 수도 있다는 사실을 오랫동안 지적해 왔다. 그래서 현재의 장절 구분이 정경 본문에 없다는 점과 또 본문 이해에 도움이 되는 경우에는 사용할 수 있지만 방해가 된다면 사용하지 말아야 한다고 계속해서 주장한다. 이에 딱 맞아떨어지는 사례가 칼뱅이 창세기 12:1에 관해 다음과 같이 경고한 말이다. "이 장들의 터무니없는 구분 때문에 독자가 어려움을 겪지 않도록 이 절을 앞 장의 마지막 두 절과 연결하도록 하라"(『창세기 주석』 12.1).

5장
오랜 세월에 걸친 본문 전달

바울은 거의 2천 년 전에 갈라디아서를 썼다. 그러니 오늘날 우리가 사용하는 성경이 3세기 때 신자들이 사용한 성경과 외양이 크게 다른 것도 당연하겠다. 3장에서 나는 옛날 성경의 외적 형태와 아울러 글을 어디에 기록했고 어떠한 잉크와 필기구를 이용했는지 살펴보았다. 이제는 성경이 여러 세대를 이어 어떻게 전해졌으며 또 이 과정에서 성경 본문 자체가 어떠한 영향을 받았는지 살펴보겠다.

우리에게는 성경 어느 책이든 원본, 곧 흔히 '자필 원고'라고 불리는 것이 없다. 우리가 가지고 있는 성경은 복사본의 복사본으로, 모두 손으로 쓴 것이라서 '필사본'이라는 명칭이 아주 적당하다. 필사본(manuscripts)이라는 말은 라틴어로 '손'을 뜻하는 단어와 '쓰다'를 뜻하는 단어 두 개에서 유래하였다. 현존하는 구약 필사본 중에 가장 오래된 필사본은 연대가 주전 2세기로 추정된다. 이것들은 20세기에 발견된 사해 문서에 들어 있다. 그전까지 우리가 알고 있던 가장 오래된 히브리 성경 필사본은 중세, 그것도 대체로 10세기 이후에 나온 것이다.

아주 이른 시기의 여러 문서 단편(fragments)이 우리가 지금 사용하는 신약에 들어 있다. 예를 들어 요한복음의 어느 단편은 연대가 2세기 초로 보인다. 하지만 이것은 몇 단어 길이밖에 안 된다. 4세기 초에 이르러서야 우리는 빠진 부분이 없는 사본들을 만나게 된다. 그중에 가장 중요한 사본으로는 4세기에 나온 시나이 사본(Codex Sinaiticus)과 바티칸 사본(Codex Vaticanus), 5세기에 나온 알렉산드리아 사본(Codex Alexandrinus)과 베자 사본(Codex Bezae)을 들 수 있다. 고대와 중세의 신약 필사본은 단편들까지 통틀어 6천여 개에 이른다. 아주 오래되고 방대한 본문들은 모두 대문자로 되어 있으며 단어 사이에 구두점이나 구분이 없다. 이러한 본문은 '언셜체 필사본'(uncial manuscripts)이라고 불린다.

필사본을 베끼고 다시 베끼는 과정에서 성경 본문 속에 이문이 불가피하게 등장했다. 이러한 이문 가운데 대다수는 별로 중요하지 않다. 필사자의 부주의한 실수 탓이라는 사실을 어렵지 않게 확인할 수 있기 때문이다. 그러한 실수는 오늘날 우리가 글을 베끼거나 쓸 때 저지르는 실수와 매우 비슷하다. 어느 사람이 단어 하나를 빠뜨렸는데 나중에 필사하던 사람이 필사본에서 뭔가 빠진 것을 알아채고는 논리상 가장 어울리는 표현을 덧붙인다면, 그 표현이 원본 내용과 언제나 정확히 일치하지는 않았다. 같은 단어나 구절이 가까운 자리에 거듭해서 등장하는데 필사자가 그것을 인식하지 못하고서 첫 번째에서 두 번째로 건너뛰고는 가운데 부분을 빠뜨리는 경우가 있다. 또는 여백에 짧은 구절이 기록된 경우에는 그 구절이 단순히 낭독자가 덧붙인 설명인지 아니면 초기의 필사자나 낭독자가 알면서도 빠뜨렸다가 나중에 수정하려고 난외에 적은 것인지 필사자가 결정해야 하기도 했다. 아니면 필사자들이 본문에서 모순되거나 난해해 보이는 것을 발견해서 단어 몇 개를 덧붙여 해결했을지도 모르고, 난외주를 적어 놓았는데 나중에 다른 사람이 그것을 본문에 삽입한 것일 수도 있다.

가장 마지막 경우의 사례를 고린도전서 14:34-35에서 볼 수 있다. 현대 성경들 중 일부는 이 두 절이 필사본에 따라 현재의 자리가 아니라 40절 뒤에 나온다고 주를 달아 설명하기도 한다. 학자들은 이런 구절을 '유동 본문'(floating text)이라고 부르는데 여러 필사본에서 다른 위치에 나타나거나 어느 경우에는 아예 나오지 않는 본문이다. 이러한 일이 어떻게 해서 일어났다고 설명할 수 있을까? 다음과 같은 일이 있었을 가능성이 크다. 어느 필사자나 낭독자가 고린도전서를 읽다가 이 부분에 이르러, 디모데전서 2:11-12이 여성들이 말하는 것조차 금하고 있는데도 방금 바울이 여성들이 예언할 때 복장에 관해 말했다는 것을 의식해서, 디모데전서의 그 구절을 고린도전서 여백에 적었다. 그런데 나중에 다른 필사자들이 이 부분에 이르러 난외주를 발견했지만 그 구절을 본문에 넣어야 하는지, 넣는다면 자리가 어디인지 몰라서 대다수의 성경처럼 현재의 위치에 배치하기도 했고 40절 다음에 배치하기도 했다는 것이다.

어떤 이문의 경우는 본문이 의도적으로 또는 지나치게 편향적으로 변형된 것으로 보인다. 예를 들어 사도행전을 연구할 때 우리는 원본으로 간주하는, 흔히 '공통 본문'(common text)이나 '중립 본문'(neutral text)이라고 불리는 본문 외에도 '서방계 본문'(Western text)이 있음을 배운다. 학자들 사이에서는 공통 본문이 원본에 더 가깝고 서방계 본문은 후대의 것이라는 데 대체로 의견이 일치하지만, 서방계 본문도 꽤 오래된 것으로 보이는 까닭은 2세기에 이미 그 본문이 널리 회람되었기 때문이다. 대체로 서방계 본문에는 흥미롭기는 하나 원본에는 없는 세부 사항이나 명료하게 다듬은 내용을 단순히 덧붙였다. 하지만 그러한 이문들 때문에 본문의 의미가 미세하지만 편향되게 바뀐다. 예를 들어 서방계 본문에서 사도행전 17:12은 "지체가 높은" 사람들에 여자들이 포함되지 않도록 바뀌었으며, 사도행전 17:34은 회심자 목록에서 "다마리라는 부인"을 뺐다. 마지막으로, 공통 본문은 문법적으로 순서를 뒤집을 필요가 있는 경우 외에는, 바울과 동역한 부부를 대체로 "브리스길라와 아굴라"로 부르지만, 서방계 본문은 일관되게 "아굴라와 브리스길라"로 부른다. 따라서 전반적으로 서방계 본문에는 반여성주의적 전제가 있다고 볼 수 있다.

본문에 있는 다양한 규모의 이문 때문에 '본문 비평' 혹은 '하등 비평'(lower criticism)이라고 불리는 학문 분과가 생겨났다. 여기서 '비평'이라는 단어는 본문에 부정적으로 접근한다는 뜻이 아니라 현재 보이는 그대로의 본문을 비판적으로 연구한다는 의미다. 그리고 '하등'이라는 말은 단순히 '고등 비평'이라고 불리는 분과와 구분하기 위해 그렇게 부르는 것이지 경멸하는 의미는 없다. 고등 비평은 본문의 단어 자체가 아니라 본문의 연대, 저자, 구성, 자료 같은 문제를 다룬다. 하등 비평의 주된 목표는 주로 기존 이문을 살피고 판단해서 본문의 원래 모습을 복원하는 것이다.

학문 분과의 하나인 본문 비평에서는 원본에 가능한 한 가까이 다가가기 위해 여러 필사본을 비교해야 한다. 쉬운 작업이 아니다. 단순히 필사본을 비교해 그 가운데 다수를 차지하는 본문이 원본에 더 가까운 것으로 판단하는 것만으로는 충분하지 않다. 어떤 이문이 다수의 필사본에는 들어 있으나 다른 필사본에는 없을 수 있다. 그러한 경우 그저 다수가 당연히 옳은 것이라고 말하고 싶어진다. 하지만 우리에게 있는 필사본은 복사본의 복사본이요 그 복사본도 역시 복사본인 까닭에, 특정 이문이 나오는 많은 필사본이 모두 필사본 하나를 베낀 것이거나 아니면 그 단일 필사본에서 나온 복사본들에서 유래한 것일 수 있다. 그래서 하등 비평 작업은 필사본들을 좀 더 세밀하게 검토해서 그것들의 '계열'(families), 곧 공통 조상에서 나온 것으로 보이는 필사본의 군(群)을 결정지을 필요가 있다. 서로 연관성이 없는 소수의 필사본이 어느 본문에서 일치한다면, 이것은 모두 같은 계열인 다수의 필사본이 일치하는 것보다 훨씬 더 설득력이 있다.

원본 복원 작업에 흔히 사용하는 방법 또 하나는 고대의 번역본들과 비교하는 것이다. 아주 오래된 번역본으로는 앞서 언급한 타르굼이 있다. 타르굼은 아람어가 이스라엘 사람들 사이에서 고대 히브리어를 대체하며 널리 구사되던, 바벨론 포로기에 등장하기 시작한 아람어 번역본이다. 사마리아 사람들에게도 토라를 아람어로 옮긴 독특한 번역본이 있었다. 앞서 살펴보았듯이 70인역 성경(LXX)은 사실 히브리어를 그리스어로 옮긴 다양한 번역본의 모음으로, 알렉산드리아 지역에서 여러 세대에 걸쳐 진행되고 기독교 시대가 시작될 때까지도 완료되지 않은 번역 과정을 거쳐 나왔다. 신약 저자들 대부분과 기타 그리스어를 구사하는 그리스도인들이 읽고 인용한 성경이 바로 이 번역본이었다. 중동 지역에서는 시리아어를 널리 썼기 때문에 2세기 말이나 3세기 초에 성경도 시리아어로 번역되었다. 마지막으로 로마제국 전역에서 교양 있는 사람들은 대체로 그리스어를 이해했지만, 제국의 서부에서는 여전히 라틴어가 주요 언어였다. 그래서 성경을 라틴어로 번역해야 했다. 기원을 알 수 없는 '고대 라틴어' 성경(Vetus Latina)은 70인역 성경을 기초로 삼았으며(다시 말하자면, 히브리 성경의 그리스어 번역본을 다시 라틴어로 번역한 것이다), 기독교 시대 초기에 나왔다. 이 성경을 대체한 것이 불가타 역본이다. 4세기에 히에로니무스가 번역한 불가타는 히브리어를 라틴어로 번역한 구약과 그리스어를 라틴어로 옮긴 신약으로 구성되며, 라틴어를 사용하던 중세 내내 우위를 차지하였다(1장을 보라). 이러한 여러 번역본의 존재가 본문 비평의 등장 원인이었다. 원어상에 여러 이문이 존재하고 고대 여러 번역본이 그중에 하나를 따른다면, 해당 번역본을 만들던 당시에 이미 그 본문의 특정 이문이 존재했음을 알 수 있고, 이는 그 이문이 원문을 반영한다는 의미일 수 있기 때문이다.

우리가 본문 비평 작업을 적용하는 다른 주요 자료, 곧 고대 기독교 문헌에 등장하는 인용문들도 마찬가지다. 이 경우에도 만일 고대의 저자가 어느 이문을 인용한다면 해당 저자가 그 글을 인용할 당시에 그 특정 이문이 이미 존재했다는 뜻이며 어쩌면 그것이 원문에 훨씬 더 가까울 수도 있다.

간단히 말해, 학자들이 역량을 최대한 발휘해 성경의 원문을 복원하기 위해 이용하는 자료가 많다. 그래서 현재 우리가 사용하는 성경은, 우선은 신실한 유대인과 그리스도인들이 성서를 보존하고자 오랜 세월 애써온 필사 전통의 결과물이고, 그 다음으로는 오랫동안 필사자들이 저질 렀을지도 모를 모든 오류를 수정하고자 신중하게 분석한 작업의 결과물이다.

고대 그리스도인 저자들은 성경 본문에 그러한 이문들이 있다는 것을 알았다. 2세기 후반에 이레나이우스는 요한계시록의 숫자 666을 언급하는 구절에서 자기가 발견한 이문을 이렇게 평가했다.

> 나는 사람들이 어떻게 일상적 언어 형식을 따르면서 실수를 저질러 그 [짐승의] 이름에서 가운데 숫자를 왜곡해 50만큼 수치를 줄여 60년이 아니라 10년으로 만들어 버리는지 모르겠다. … 그런데도 사람들마다 이러한 해석을 전혀 검증도 하지 않은 채 받아들이기도 하고, 순진하게도 자기 마음대로 10년을 표현하는 이 숫자를 이용하기도 하고, 미숙하여서 그릇되고 그럴듯해 보이는 이 숫자가 담겨 있는 이름을 찾아내고자 애쓰기도 했다. 그런데 순진하게, 악의 없이 이렇게 하는 사람들의 경우, 우리는 얼마든지 하나님이 그들을 용서해 주시리라고 추정할 수 있다. 하지만 교만한 마음으로, 잘못된 수가 들어 있는 이름을 받아들여야 한다고 단언하면서 자기들이 생각해낸 이 이름이 장차 오실 분의 이름이라고 억지를 부리는 사람들이 있다. 그와 같은 사람들은 결코 온전하게 설 수 없을 것인데, 이들은 자신뿐 아니라 자기를 신뢰한 사람들도 오류에 빠지게 하기 때문이다.
>
> 「이단들을 반박함」 5.30.1, ANF 1:558-559

고대 학자들은 대체로 성경 필사본을 하나만 소장했지만 그들 사이에 서신 교환을 폭넓게 했기에 여러 필사본을 비교할 수 있는 기회가 적지 않았다. 2세기 말과 3세기 전반에 살았던 알렉산드리아의 위대한 학자 오리게네스에게는 주목할 만한 업적이 하나 있다. 성경 본문과 번역본들을 비교하는 방대한 체계를 개발한 일이다. 그의 『헥사플라』(Hexapla, 육중역본)는 구약을 세로로 여섯 단에 배열한 본문으로서, 이러한 형태에서 이름이 유래했다. 제1단에는 당시 회당에서 사용하던 히브리어 성경 본문을 실었다. 제2단에는 제1단에 실린 히브리어 본문 음역이 있어서, 히브리어를 모르는 사람이라도 본문을 어떻게 발음하는지는 알 수 있었을 것이다. 나머지 단에는 그리스어 번역본인 70인역 성경, 아퀼라, 심마쿠스, 테오도티온이 들어갔다. 70인역 성경 본문에는 오리게네스가 여러 표식을 덧붙여서 다양한 종류의 이문(첨가, 생략 등등)을 표시했다. 이 저작은 너무 방대해서 사본이 존재하지 않으며, 문서 자체도 오랜 세월 카이사레아에 보관되었다가 7세기에, 아니면 아마 7세기 이전에 사라졌다.

훗날 특히 16세기에 들어와서 성경의 '비판본'(critical edition)이 다수 등장했다. 여기서 비판본이라는 말은 성경을 비판했다는 의미가 아니라, 비판적 판단을 도구 삼아 원문을 확정하고자 애썼으며 또 독자에게 고대 여러 필사본과 번역본에 들어 있는 중요한 이문들을 조심하라고 경고하는 주가 담겨 있다는 뜻이다.

6장
필사본에서 인쇄된 성경으로

고대 기독교의 책들을 처음에 어떠한 과정으로 필사하고 유포했는지에
대해서는 알려진 사실이 거의 없다. 바울이 골로새 교인들에게 편지를 라
오디게아 교인들과 함께 읽으라고 했을 때, 골로새 교회는 받은 편지를
그대로 라오디게아에 보내는 대신 사본을 만들어서 보내고 원본은 계속
갖고 있었으리라고 상상할 수 있다. 마찬가지로 요한의 심부름꾼이 요한
계시록을 소아시아의 일곱 교회에 전달하면서 에베소에서 서머나로 길
을 나설 때 에베소 교회 신자들은 그 책 전체의 사본을 꼼꼼하게 챙겨 두
었을 것이다. 서머나 교회도 다른 도시의 교회들과 똑같이 했을 것이다.
복음서와 그 외 기독교 문헌은 물론이고 바울 서신도 곧이어 널리 퍼진
일은 그 당시 귀중한 문서를 아주 활발하게 베끼고 유포했다는 증거다.
그렇기는 해도 이러한 과정에 관해서는 알려진 것이 거의 없다.

2세기로 연대가 추정되는 성경책의 현존 단편들을 살펴보면, 분명 초
기 기독교의 필사본 가운데는 전문 필경사 또는 최소한 제대로 훈련받은
필경사가 기록한 필사본이 있는 반면, 역량이 부족한 필사자가 적은 것

도 있다. 하지만 4세기에 나온 기독교의 필사본은 모두 의심의 여지 없이 매우 유능한 필경사들의 작품이다. 4세기의 방대한 필사본들이 모두 그렇다.

아주 이른 시기부터 성경과 기타 기독교 저작을 가능한 한 많이 만들어 배포하는 데도 관심이 있었다. 2세기에 기독교 신앙의 본질을 둘러싸고 커다란 논쟁들이 일어났으며, 그 때문에 다툼에 영향을 끼치기 위해 논쟁적인 문서의 사본을 충분히 제작하는 일이 필요했다. 게다가 모든 문서가 필사본이었던 탓에 어떤 사람들은 권위 있는 본문을 수정한 사본을 유포해 자기네 견해를 보강하고자 했다. 그러한 위협에 대응하는 길은 원본을 할 수 있는 한 많이 복사해서 유포하는 것뿐이었다. 하지만 그런 사본들을 어떻게 만들어서 배포했는지에 관해서는 현재 알려진 바가 거의 없다. 역사가인 카이사레아의 에우세비우스의 글을 보면, 암브로시우스라는 부유한 그리스도인이 오리게네스의 저술을 읽고 감격하여 오리게네스가 좀 더 편하게 글을 쓰고, 오리게네스의 저작이 더 널리 배포될 수 있도록 후원했다는 흥미로운 사실이 나온다. 에우세비우스는 다음과 같이 말한다.

그 당시 오리게네스는 암브로시우스의 강권으로 거룩한 성서를 주해하기 시작했다. 암브로시우스는 수많은 장려책을 사용했는데, 말로 권고하기도 했지만 필요한 수단도 넉넉하게 제공했다. 그래서 오리게네스는 일곱 명이 넘는 대필자가 각각 정해진 시간에 교대로 받아 적게 했다. 또 필사자도 적지 않게 고용했으며 우아한 필체를 구사하는 소녀들도 거느렸다. 암브로시우스는 이 모든 인력에 필요한 비용을 넉넉하게 댔고, 그 자신도 하나님의 말씀에 형언할 수 없을 정도로 관심과 열의를 쏟았다.

『교회사』 6.23.1-2, NPNF[2] 1:271

3세기 초에 암브로시우스가 오리게네스 저작을 널리 배포하고자 한 것처럼 성경 본문 보급에 애쓴 사람이 많았을 것이라고 상상하는 것도 무리가 아니다. 다른 이유도 있겠으나 이런 이유를 근거로 학자들은 적어도 큰 도시들에는 성경 본문 필사와 배포를 위해 체계화된 수단이 있었으리라고 결론짓는다.

4세기에 들어와 기독교 문헌들에서 이렇게 문서를 재생산하는 온전한 체제에 대해 언급하기 시작한다. 필시 그런 체제는 콘스탄티누스 시대 이전에 소규모로라도 이미 존재했을 것이다. 카이사레아의 에우세비우스는 콘스탄티누스에게서 받은 편지 한 통을 인용하여, 필사본 복제를 전담하던 시설의 생산 능력이 대단했음을 증언한다. 콘스탄티누스는 에우세비우스에게 이렇게 썼다.

우리 구주 하나님의 은혜로운 섭리를 힘입어, 내 이름을 딴 도시의 지극히 거룩한 교회에 수많은 사람이 가입하는 일이 일어났소. 그리고 이 도시가 여러 면에서 빠르게 번성하고 있으니 교회도 더 많아져야 할 것으로 보이오. 그러니 이 일을 위해 내가 결정한 사항을 그대가 기꺼이 받아들이기를 바라오. 내 생각으로는 그대의 신중함을 빌어서 성경 사본을 50권 주문하는 것이 편리하겠소. 그대도 알다시피 양피지를 편리하고 소

지하기 쉬운 형태로 준비하여, 철저하게 숙련된 전문 필사자들이 거기에

또렷한 필체로 기록한 성경을 제작해 공급하는 일이 교회 교육에 지극히

필요하다오.

『콘스탄티누스의 생애』 4.36, *NPNF*[2] 1:549

에우세비우스의 기록에 따르면 황제의 지시는 신속하게 이행되었지만,

어떻게 했는지는 밝히지 않는다.

5세기에는 성경 필사본은 물론이고 여러 고대 문서의 제작과 배포도

중단될 수 있는 불길한 사건이 발생했다. 그리스인과 로마인이 '야만인'

으로 여기던 족속이 로마제국 서쪽 지역을 연이어 침공하였다. 대부분은

게르만족이었으나 특히 훈족 같은 다른 민족도 있었다. 도시가 약탈당하

고 공공질서가 무너지고 고대의 많은 지식이 파기되었다.

바로 그때 서유럽에 수도원과 수녀원이 늘어나기 시작하여 거룩한 본

문들을 전달하는 역사에서 중대한 역할을 하게 되었다. 531년에 카시오

도루스(정식 이름은 원로원 의원, 마그누스 아우렐리우스 카시오도루스)가 이

탈리아 남부에 비바리움(Vivarium) 수도원을 세웠는데, 이 수도원은 초기

수도원들과 달랐다. 카시오도루스는 학자이자 동고트 왕의 고위 관리였

다. 그는 고대의 지식이 사라지는 것을 한탄하였고 성경을 읽고 연구하는

일이 절대적으로 중요하다고 확신했다. 카시오도루스는 자기네 수도사

한 명의 작업에 대해 이렇게 말했다. "주님의 말씀을 베껴 쓰면서 그에게

는 성서가 가득 찰 것이다. 그는 자기 손가락으로 다른 사람에게 생명을

주면서 자기도 악마의 음모에 맞서 무장하게 된다. 지금 그가 … 자기 골

방에서 베끼는 것이 먼 곳까지 널리 퍼져 나갈 것이다. 그는 천국 말씀을 증식하는 것이요, 또 오른손 세 손가락으로 지극히 거룩하신 삼위일체의 말씀을 펼쳐 보이는 것이다"(『성학 강요』[Institutes of Divine Letters] 30). 달리 말하자면 필사본, 그중에서도 성경 필사본을 베끼는 일은 수도사들의 경건 생활에서, 또 세상의 나머지 사람들을 향한 수도사들의 임무에서 중요한 부분을 차지했다.

하지만 그보다 몇 년 전에 누르시아의 베네딕투스가 (마찬가지로 이탈리아에 있는) 몬테 카시노에 규칙 곧 정관을 준수하는 수도원을 설립하여, 곧이어 서유럽의 대다수 수도원이 그 규칙을 따르지 않았다면 카시오도루스가 시작한 일도 그리 큰 영향을 미치지는 못했을 것이다. 그 규칙에서 베네딕투스는 독서를 수도원 생활의 의무 가운데 하나로 정했으며, 특히 사순절 동안에는 수도사들이 큰 소리로 읽을 시간을 충분히 주라고 지시하였다. 베네딕투스 자신은 생각지 못했던 것으로 보이지만 이러한 지시 때문에 곧바로 몬테 카시노 지역의 수도사들이 카시오도루스가 제시한 과업을 시작하게 되었다. 서유럽에 퍼져 있는 베네딕투스회 수도원들은 다양한 문서의 사본을 무수히 쏟아내는 거점이 되었으며, 그 문서 대부분이 성경이었다. 베네딕투스회의 남자 수도사들뿐 아니라 수녀들도 마찬가지여서, 일부 수녀원은 양질의 아름다운 필사본으로 유명해질 정도였다.

수도원에서 이러한 책을 제작하는 공간을 '필사실'(scriptorium)이라고 불렀다. 필사실의 정확한 형태와 관련해서는 논의가 많았다. 가장 일반적인 견해에 따르면 수도사들이 함께 필사본을 제작하는 큰 방들이 있었다. 하지만 분명 햇빛이 들어올 창이 달린 개인 골방이 필사실이기도 했고, 또 수도원 내의 회랑이나 그와 비슷한 공간에 필사실이 있었던 것으로 보이기도 한다. 또 보통은 수도사 한 사람이 필사본을 큰 소리로 읽고 나머지 수도사들이 받아 적게 했는지에 관해서도 논의가 있었다. 대부분의 경우에는 각 필사자가 특정 본문을 맡아 혼자 작업했을 것이다. 어떤 문서를 급하게 제작할 필요가 있을 때는 조금씩 나누어 베꼈을 것이다. 여러 서체로 기록한 것이 분명한 필사본이 존재하는 이유가 주로 이것이다.

필사본을 제작하려면 단순히 본문을 베끼는 일보다 더 많은 작업이 필요했다. 적어도 11세기까지는 파피루스를 다수의 문서 기록용 재료로 선택했다. 하지만 파피루스는 내구성이 별로 좋지 않아서 성경 필사본을 베끼는 수도사와 수녀들은 양피지를 선호했다. 양피지는 주로 수도원이나 수녀원에서 생산되었는데, 필사자가 직접 제작하기도 하고 때로는 필기 솜씨가 별로 없는 사람이 제작하기도 했다.

또 이러한 본문을 베끼는 일이 헌신 행위였기에 필사본 내용이 더욱 값지게 보이도록 필사본을 장식하는 일이 보편화되었다. 이러한 장식 작업에 일찍부터 사용된 수단 가운데 하나가 금이나 은을 칠하는 일이었다. 이 작업을 하면 필사본이 마치 빛을 발하는 것처럼 보이므로 필사본을 장식하는 이 일을 '채색'(illumination)이라고 부르게 되었으며 다른 칠감을 사용할 때도 그렇게 불렀다. 때로는 면의 가장자리만 채색했으며 식물의 덩굴과 꽃 같은 모양을 넣었다. 문서에서 각 단락 시작 부분에는 흔히 대문자를 사용하고 거기다 다양한 색을 칠하고 보통은 본문

자체를 암시하는 그림을 더했다. 사본 채색 작업은 특히 재능이 뛰어난 수도사들의 전문 분야가 되었으며, 이들은 본문의 내용에 관해, 또 어떻게 하면 그것을 가장 잘 그려낼 수 있는지에 관해 필사자들과 협의하곤 했다.

12세기에 들어서, 특히 13세기에 학문 연구가 폭발적으로 증가하였고 그 결과로 일어난 여러 일들 중에 특히 유럽에서 아주 오래된 여러 대학교의 설립이 있다. 그래서 필사본을 더욱 더 많이 공급해서 교수나 더 넓은 독자층뿐 아니라 학생도 고대 문헌을 더 쉽게 이용할 수 있게 해줄 필요성이 커졌다. 이러한 새로운 시장을 위한 필사본 생산에 전념하는 사업의 첫 등장은 분명 파리 대학교와 볼로냐 대학교와 관계가 있었다. 변화 과정이 느리기는 했지만 불가피했다. 우선 가장 일반적인 방식은 구매할 사람이 주문하면 비로소 필사본을 제작하는 것이었다. 그러나 곧 특정 서적에 대한 수요가 크게 늘자 사람들이 그 책을 찾을 때마다 판매할 수 있도록 필사본들을 미리 제작하는 관행이 생겼다. 같은 사본을 좀 더 빠르게, 더 많이 제작해야 했으므로 한 사람이 본문을 소리 내어 읽으면 여러 사람이 듣고 베끼는 관행이 생겼다.

새로운 시장을 위해 제작한 이러한 필사본들은 당시에도 수도원과 수녀원에서 제작하던 필사본보다 품질이 낮았다. 수도원과 수녀원에서는 여전히 아름다운 채색을 넣고 양피지에 기록하여 필사본을 제작했다. 그런데 책에 대한 수요가 증가하던 그때 새로운 산물이 전면에 등장하여 책의 가격을 크게 낮추게 되었으니, 바로 종이이다.

'종이'(paper)라는 단어가 '파피루스'(papyrus)에서 유래했지만, 그 당시 서유럽에 널리 퍼진 실제 종이는 파피루스가 아니라 식물의 섬유질로 제조되었으며, 파피루스보다 내구성이 훨씬 좋았고 생산하기도 쉬웠다. 종이 제작 공정은 중국에서 1세기쯤에 발명되었다. 오랫동안 중국은 그 제작 공정을 철저히 비밀에 붙였다. 그런데 8세기에 오스만 튀르크가 종이 제작 전문가인 중국 사람 다수를 포로로 잡았다. 그때부터 이슬람 세계에서 종이가 점차 흔하게 되었다. 12세기에, 정확히 말하자면 서유럽에서 대학교의 설립으로 이어진 거대한 지적 부흥이 시작되었을 때, 무슬림 치하의 스페인(Muslim Spain)에서 종이를 생산하기 시작했다. 그곳에서 유럽 나머지 지역으로 종이 생산 기술이 퍼져 나갔고, 상업적으로 제작하는 필사본의 종이 사용 비율이 급격이 늘어나기 시작했다. 반면에 수도원에서는 여전히 이전처럼 양피지에 기록하고 아름답게 채색하여 필사본을 제작했다.

이 모든 상황이 14세기에 흑사병이 야기한 대혼란 때문에도, 또 15세기에 발명된 활자 인쇄기 때문에도 급격하게 변했다. 흑사병이 도는 동안 사망률이 아주 높았는데, 특히 도시나 사람들이 몰려 사는 수도원이나 수녀원 같은 곳에서 높았다. 연구에 따르면 이 전염병으로 수도사와 수녀의 거의 절반이 죽었으며, 전염병이 지나가고 인구가 다시 증가하기 시작했을 때는 다른 직업을 얻을 기회가 늘고 그 일에 뛰어드는 사람이 많아서 수도사 생활에 지원하는 사람의 수가 전혀 회복되지 않았다. 주로 수도사들이 양질의 필사본을 제작했기 때문에 이러한 필사본이 급속도로 희귀하게 되었다.

한 세기 후인 1454년 또는 1455년에 구텐베르크 성경이 출간되었다.

이 성경은 구텐베르크가 최신 발명품인 활판 인쇄기로 처음 인쇄한 책들 가운데 하나다. 인쇄기 발명은 엄청난 영향을 끼쳐 인쇄물이 진정 넘쳐 흐르는 길이 열렸으며 결과적으로 문해력이 급속히 커졌다.

오늘날 우리는 인쇄기 발명을 위대한 진일보라고 여기지만 그 당시에는 다들 그런 생각에 동의하지는 않았다. 앞서 카시오도루스의 말에서 보았듯이, 수세기 동안 수도사와 수녀들은 필사본, 특히 성경과 고대 기독교 문헌 필사본 생산은 경건 생활의 한 형태이어야 한다고 생각했다. 또 수도원 생활에 헌신한 사람들 가운데는 인쇄기 발명으로 영적인 삶의 중요한 요소를 빼앗겼다고 여긴 사람도 있었다. 인쇄기 발명 반세기쯤 후인 1492년에 독일의 어느 수도원 원장이 동료에게 쓴 글을 보면 필사본을 베끼는 업무가 수도 생활의 본질적 요소라고 주장했다. 그 일이 수도사가 성경 본문을 온전히 이해하고 실천하도록 돕는다는 것이 그 이유였다. 그 수도원장의 말에 따르면, "종이에 쓴 책들은 종이에 불과하여 얼마 지나지 않아 사라진다. 양피지 위에 작업하는 필사자는 자신의 수고와 그 결실인 문헌이 오랫동안 남아 있으리라고 확신할 수 있다"(요하네스 트리테미우스, 『필사실의 찬미』[De laude scriptorium] 25).

성경 자체만 놓고 보면 인쇄기는 두 가지 면에 영향을 주었다. 우선 인쇄기 덕분에 성경이나 성경 일부분을 상대적으로 저렴한 가격에 출간할 수 있게 되었다. 구텐베르크의 발명품이 개량되면서 일반인이 거룩한 문서들을 이용하기가 더욱 쉬워졌다. 이 일이 바로 바로 종교개혁이 성서의 권위를 강조하면서 진행되던 때에 일어났다. 그 결과로 성경이 훨씬 더 널리 배포되었으며 이런 흐름은 오늘날도 여전하다. 이 일은 또 개인이나 가족의 성경 읽기를 강조하는 것과도 연결되었는데, 예전에는 필사본이 귀하고 비싸서 그러한 성경 읽기를 할 수 없었다. 성경을 이용하기 쉬워지면서 그리스도인들 사이에 성경 지식이 크게 향상되는 긍정적 결과가 이어졌다. 그러나 부정적인 면에서 보면 공동체에서 성경을 읽고 공부하던 옛 관습이 사라졌다.

인쇄기가 이룬 결과로서 별로 주목받지는 못했어도 마찬가지로 중요한 것이 하나 더 있다. 고대와 중세 전체에 걸쳐서 학자들은 성경이나 기타 고대 문헌의 필사본들 사이에 많은 상이점을 발견했지만 그런 문제를 해결하기 위해 할 수 있는 일이 많지 않았다. 예를 들어 5장에서 언급한 오리게네스의 『헥사플라』를 보라. 이것은 여러 해에 걸쳐 이룬 기념비적 작품이었다. 그런데 이 저술의 대부분이 사라져버렸다. 이처럼 방대한 저술에 대해 할 수 있는 일이라고는 손으로 베끼는 게 전부였으며 그래서 새로운 오류들이 끼어드는 길을 막을 수 없었기 때문이다. 이런 연유로 고대와 중세 학자들은 필사본에 이문들이 끼어 있는 사실을 알면서도 긴 시간을 투자해 비판교정본을 제작할 엄두를 내지 못했다. 하지만 이제 인쇄기 덕분에 원본을 복원하려는 성경학자들의 신중한 작업은 많은 수의 동일한 사본 제작으로 이어질 수 있게 되었다. 이러한 새 환경을 배경 삼아 16세기에는 많은 학자가 성경뿐만 아니라 고대의 다른 문서들의 교정본도 만들었다.

이들 학자가 이룬 업적이 많지만, 가장 유명한 업적이 1516년에 에라스무스가 펴낸 신약 교정본이다. 그보다 2년 전에는 프란치스코 히메네스 데 시스네로스 추기경의 지도 아래 콤플루텐시아 다언어 대조 성경

(Complutensian Polyglot Bible)이 완성되었으나, 1522년이 되어서야 출간되었다. 16세기에는 이 새로운 교정본들과 이용 가능한 인쇄기를 활용하고 프로테스탄트 종교개혁에서 영감을 받아 현대어 성경 번역본이 아주 많이 제작되었다. 이러한 번역본 가운데 몇 가지는 종교적인 이유뿐 아니라 새롭게 형성되던 현대 언어의 틀을 세우는 데 도움이 되었다는 이유로도 중요성을 인정받는다. 루터의 독일어 번역본과 킹 제임스 영어 성경이 그러한 경우다.

20세기 말과 21세기 초에는 인쇄기 발명과 맞먹는, 아니 어쩌면 더 강력한 혁신인 인터넷 통신과 전자책을 경험했다. 과거에는 성경을 손으로 베끼는 데 여러 해가 걸렸으며, 그 다음에는 인쇄하여 출간하는 데 몇 주가 걸렸는데 이제는 몇 초 만에 다운로드할 수 있다. 휴대전화기에 성경을 넣고 다닌다. 손가락을 몇 번 놀려 특정 성경 구절을 찾을 수 있다. 인쇄기 때문에 성경의 발행 부수뿐 아니라 다른 읽을거리들도 늘어나서 서로 독자의 관심을 끌고자 경쟁했듯이, 오늘날 전자 성경은 이루 헤아리기 힘들 정도로 다양한 매체와 경쟁하는 처지에 있다. 오늘날 교회는 인쇄기 발명이 초래한 것과 유사한 기회와 도전에 직면해 있다.

2부

성경의 사용

7장
예배에서 성경 읽기와 사용

처음에는 그리스도인들이 모두 유대인이었으며 그래서 유대교의 예배를 요람 삼아 기독교 예배의 형태가 잡혔다. 예수 시대에는 이론상으로마나 성전이 유대 종교의 중심이었다. 오직 성전에서만 이스라엘의 하나님에게 희생 제사를 드릴 수 있었다. 게다가 유대인들은 어느 곳에서 기도하든지 성전을 향하여 기도하는 전통이 있었다. 성전은 특히 사두개파 사람들에게 중요했는데, 이들은 제사장과 성전 지도자뿐만 아니라 귀족 계급과도 관계가 긴밀했다. 유대인의 종교 생활에서 중요한 장소 또 하나는 지역 회당으로 특히 바리새파 사람들에게 중요했다. 성전과 달리 회당은 희생 제사가 아니라 연구와 기도와 찬양의 장소였다. 회당은 그 지역 전체에 많이 있었기에 언제든지 쉽게 참석할 수 있었던 반면에 정기적인 성전 예배는 예루살렘이나 그 근방에 사는 사람들만 쉽게 참석할 수 있었다. 따라서 현실적인 면에서 볼 때 디아스포라 유대인들은 물론이고 거룩한 땅에 살지만 예루살렘 가까이 살지 않는 유대인들에게도 회당은 신앙의 실질적 중심이었다.

이러한 상황이 예수와 바울 시대에 이미 존재했고, 기원후 70년에 성전이 파괴되고 나서는 당연한 것이 되었다. 그때 이후로 회당은 유대인들이 가족 단위로 기도하고 종교 절기를 기념하는 일과는 별개로 정기적으로 예배를 위해 모이는 유일한 장소가 되었다. 그 결과 그때부터 주로 바리새파 사람들의 전통에 따라 유대교가 형성되었다. 회당 예배의 중심은 성서 공부였는데, 주로 성경 이야기를 다루었고 그중에서도 이집트에서 해방된 일과 광야 시절 이야기가 단골이었다. 공동 기도도 회당에서 했지만, 그보다는 주로 가정에서, 특히 안식일과 안식일 식사로 이어지는 예식을 치르는 중에 했다. 이러한 가정 기도와 기념 행사들이 유대인의 예배와 정체성에서 중요한 자리를 차지했다. 로마인이 성전을 파괴한 후 2세기에 또 다른 반란이 실패하여 이스라엘 민족이 널리 흩어지게 되었을 때, 더는 땅을 기반으로 삼을 수 없게 된 민족의 정체성을 지탱한 것이 바로 회당이었고, 각 가정에서 행하던 독서와 의례였다.

그리스도인들은 상황이 달랐다. 기독교 초기의 몇 세대 동안, 유대인 한 명이 기독교로 개종하면 가족이 더욱 화합하기보다는 분노와 두려움과 갈등이 일어났다. 기독교를 광신적 종파로들 간주했다. 그리스도인이 되면 흔히 가족에게 의절당했다. 그 결과 초기 그리스도인들은 이스라엘 백성이 그토록 중요하게 여기던 가족 예배와 비슷한 전통을 발전시키지 못했다.

바울과 같은 초기 기독교 선교사들이 회당에서 예수의 복음을 전했던 까닭에 회당 예배는 기독교 예배에 깊이 각인되었다. 여기서 1세기 회당 예배에 관해서는 자세히 알려진 내용이 거의 없다는 점을 기억할 필요가 있다. 회당 예배를 상세하게 다룬 문헌 중에 제일 오래된 문헌의 연대가 기원후 9세기이기에, 회당 예배와 교회 예배의 유사점들 가운데 어느 것이 그리스도인들이 회당에서 받아들인 것인지, 또 혹시 회당이 교회에서 배워 간 관행이 있다면 어느 관행인지 확인이 불가능하다. 그렇다 해도 분명한 것은 회당 예배의 중심은 언제나 성경 읽기와 그에 이어지는 거룩한 본문의 해석이나 설교였으며 이러한 형식을 고대 교회가 받아들여 이어갔다는 사실이다.

이런 면모를 신약의 여러 구절에서 확인할 수 있다. 한 가지 사례가 누가복음 4:16-21이다. 이 본문에서는 예수께서 이사야서의 한 부분을 읽으시고는 "두루마리를 말아서, 시중드는 사람에게 되돌려주시고, 앉으셨다. 회당에 있는 모든 사람의 눈은 예수께로 쏠렸다"고 말한다. 여기서 앉으셨다는 말은 오늘날 우리가 생각하듯이 예수가 제자리로 돌아가셨다는 뜻이 아니라 그 본문의 의미를 풀어서 말하는 자리에 앉으셨다는 뜻으로 보인다. 사도행전에서도 비슷한 사례를 여럿 볼 수 있다. 그중 가장 명확한 사례가 사도행전 13:13-41에 나오는데, 거기 보면 바울이 "율법서와 예언자의 글을 낭독한 뒤에" 이때는 앉지 않고 서서, 낭독한 그 본문을 자기가 전하는 그리스도에 관한 메시지에 비추어 해석하였다. 그리스도인들은 회당에서 쫓겨난 후에도 이런 관행을 계속 이어갔다. 디모데전서 4:13을 보면 교회들이 "성경을 읽는 일과 권면하는 일과 가르치는 일에 전념"하기를 권고한다. 그리스어 본문에서는 "읽는 일"이라고만 말하지만 신개정표준역 성경(NRSV)에서는 이 구절을 "공동 읽기"라고 제대로 번역한다. 또 이 본문에서는 이렇게 읽는 일이 권면하고 가르치는 일로 이어진다는 사실도 주목할 필요가 있다.

초기 그리스도인들은 회당 전통 안에서 자랐기에, 자기네 예배에도 계속 성경을 읽고 해석하는 시간을 넣었다. 처음에는 성경 읽기에 오늘날 우리가 구약이라고 부르는 책, 곧 히브리 성경 본문을 사용했다. 하지만 기독교 자료도 읽었다. 교회가 바울이 보낸 편지 같은 문서를 받으면 회중 앞에서 큰 소리로 읽었다. 요한계시록은 이러한 공동 읽기를 담당한 사람을 직접적으로 언급한다(계 1:3). 골로새서 4:16에서 바울이 제안하듯이, 이러한 문서나 전갈 중 일부는 공동 읽기 후에 다른 교회들에게 보냈을 것이며, 전달 받은 교회들도 자기네 예배에서 그 문서를 읽었을 것이다. 그리고 적어도 2세기 무렵에는 유스티누스가 "사도들의 회고록"이라고 부르는 것, 곧 복음서도 읽었을 것이다.

오늘날 우리가 사용하는 성경의 물리적 형태가 초기 그리스도인들이 사용하던 성경과 사뭇 다르듯이 "성경 읽기"가 무엇을 뜻하는지에 대한 이해도 달랐다. 오늘날 우리는 성경을 읽어야 한다는 말을 들으면 대체로 개인적으로 성경 읽는 데 시간을 할애하고 가능하면 날마다 믿음으로 실천해야 한다는 뜻으로 이해한다. 고대와 심지어 중세 전체를 볼 때, 여러 이유로 개인적으로 성경을 읽을 수 있는 사람은 아주 소수였다. 첫째 이유는 문맹률이 높았기 때문이다. 로마제국 전체 인구 중에 어느 정도가 문맹이었는지 정확히 알기는 불가능하지만 가장 낙관적으로 추정하면 인구의 5분의 1 미만이나 어쩌면 10분의 1 미만이 글을 읽을 수 있었을 것이다. 글을 안다고 추정된 사람들 중에서도 직업이나 사업에 필요한 만큼만 읽을 수 있는 사람이 많았다. 그래서 그러한 사람들은 업무나 거

초기 교회의 성경

래와 관련한 짧은 통지는 읽을 수 있지만 성경처럼 양이 많은 문서는 읽기 어려웠을 것이다. 유대인들은 다른 민족에 비해 문해율이 훨씬 높았던 것으로 보인다. 이런 특성은 거룩한 본문을 읽고 연구하는 일의 중요성과 관련이 있을 것이다. 교회가 태생이 유대인인 사람들이 아니라 기독교로 개종한 이방인으로 아주 빠르게 구성되었기 때문에, 문해력 면에서 초기 그리스도인들이 누렸던 모든 강점이 후대에는 사라졌을 것이다. 그래서 기록된 문서를 예배의 중심으로 삼는 히브리 전통만 남게 되었다.

둘째로, 사람들이 집에서 혼자 성경을 읽지 못한 이유는 필사본 기록 방식과도 관계가 있었다. 현존하는 가장 오래된 신약 필사본은 모두 대문자로 기록되고 단어 사이에 구분도 없으며 오늘날 쓰는 문장 부호도 사용하지 않았다. 훨씬 뒤인 9-10세기에, 비잔틴 제국에서부터 소문자가 상용화되어서 읽기가 용이하게 되었다. 문장 부호 사용을 처음으로 제안한 사람은 기원전 3세기에 활동한 아리스토파네스였다. 하지만 그 제안을 거의 아무도 받아들이지 않았다. 훨씬 나중인 기원후 7세기에 세비야의 이시도루스가 비슷한 시도를 하였으나 역시 별 효과를 거두지 못했다. 오늘날 우리가 사용하는 것과 비슷한 문장 부호는 15세기 초에 인쇄 서적이 나온 후에야 비로소 널리 사용되었다. 그러므로 고대에 어느 글을 읽으려면 문장이 끝나는 지점뿐 아니라 한 단어의 끝과 시작 지점도 결정해야 했다. 그때는 또 의문 부호라든가 특정 구절이나 문장의 어형 변화를 나타내는 부호 같은 것도 없었다. 한 술 더 떠서 히브리어 필사본은 모음이 없어서 읽기가 더 힘들었다. 오늘날 히브리 성경에서 모음을 나타내는 표식은 중세에 와서야 도입되었다. 그래서 히브리어 본문을 읽으려면 그 본문이 말하는 내용을 어느 정도 알고 있어야 했다. 본문을 미리 읽어서 의미를 신중하게 판단해야 했다. 모음이 없는 문서를 들고 있는 유대인 독자에게 그러한 읽기 작업은 우리가 영어로 다음과 같이 쓰인 문장을 읽는 것과 유사했을 것이다(저자가 아래에서 예시로 든 문장은 "In the beginning God made heaven and earth"이다-편집자).

NTHBGNNGGDMDHVNNDRTH

그리스어는 모음을 사용하지만 문장 부호라든가 한 단어와 다음 단어 사이 구분이 없었다. 그래서 그리스어는 비교적 읽기 쉬웠지만 그래도 본문을 사람들 앞에서 읽기 전에 신중하게 공부해야 했다. 그리스어는 이런 식이었을 것이다.

INTHEBEGINNINGGODMADEHEAVENANDEARTH

이 문장에서 단어들을 띄어 썼다면 훨씬 더 읽기 쉬웠을 것이다. 더 긴 구절의 경우 문장 부호를 사용했더라면 도움이 됐을 것이다. 어쨌든 독자들은 아무리 실력이 있더라도 본문의 의미와 각 구절에 적합한 단어의 변화형을 판단하기 전에 한 번 이상 곰곰이 살펴보아야 했다. 이 사실에서 우리는 개인적인 독서라고 해도 대개는 소리를 내어 읽었다는 것을 알 수 있다. 어느 글을 소리 내어 읽는 것을 들어야 의미를 파악할 수 있었기 때문이다. 4세기에 아우구스티누스는 암브로시우스가 글을 읽을 때 발음을 하지 않고 속으로 읽는 것을 보고 놀랐다고 한다. "책을 보는데 한 단어도 발음하지 않고 심지어는 혀를 놀리지도 않고서 그 의미를 헤아렸다. 나는 자주 그를 방문했는데… 그는 언제나 속으로 조용히 읽었지, 다른 방식을 사용하는 것은 본 적이 없다"(『고백록』 6.3.3). 암브로시우스를 만날 당시 이미 수사학 교수였던 아우구스티누스조차도 본문에 나오는 단어를 소리 내어 발음해야 읽을 수 있었다는 뜻이다.

셋째로는 책 자체가 귀했기 때문이다. 모든 것을 손으로 베껴야 했다. 글을 읽을 줄 아는 사람이 얼마 안 되는 상황에서 글을 쓰는 재주가 있는 사람은 훨씬 더 적었다. 게다가 책을 베끼는 데는 시간이 많이 걸렸다. 그런 탓에 책이 많지 않았다. 고대에는 히브리 성경의 사본을 완비하지 못한 회당이 있었을 가능성이 아주 높다. 기독교 교회도 한동안은 처지가 비슷했을 것이다.

마지막으로 한 가지 더 고려할 요소는 갈수록 '야만인들', 곧 그리스·로마 문화가 몸에 배지 않은 사람들이 교회에 점점 더 많이 들어왔다는 점이다. 기독교가 전파되기 시작할 무렵 이 사람들 대부분은 로마제국의 국경 지대 너머에 살았으며, 그 가운데 일부만 국경 지대를 넘어 로마 영토에 정착하였다. 하지만 그렇게 '야만인'으로 분류된 이 사람들 가운데 다수는 고대에 마케도니아 사람들과 로마 사람들이 정복한 땅에 살던 사람들의 후손이지만 그리스와 라틴계 정복자들의 말은 배우지 못한 사람들이었다. 사도행전 14:8-18에는 루스드라에서 일어난 일이 기록되어 있는데, 그곳 주민은 여전히 옛 언어인 루가오니아 말을 사용했기 때문에 바울과 바나바가 구사하는 그리스어를 알아듣지 못했다. 나면서부터 걷지 못하던 남자가 기적적으로 나은 후에 "무리가 바울이 행한 일을 보고서, 루가오니아 말로 '신들이 사람의 모습으로 우리에게 내려왔다' 하고 소리 질렀다." 그 지역 주민과 의사 소통하기가 얼마나 어려웠는지 바울과 바나바는 주민들이 자기들에게 제사를 드리려는 것을 간신히 제지했을 정도였다. 얼마 후인 2세기 말쯤에 이레나이우스도 비슷한 경험을 했다고 말한다. 이레나이우스는 오늘날 프랑스 남부에 해당하는, 오랫동안 로마제국에 속했던 지역에 살았는데 그곳 사람들 다수는 켈트족 출신으로서 자기네 옛말을 여전히 사용했다. 그는 이렇게 말한다.

그리스도를 믿는 이 많은 야만인 민족이 성령께서 종이나 잉크 없이 마음에 기록하신 구원을 받아 이 교훈[교회의 가르침]을 따르고, 옛 전통을 신중하게 지키며, 하나님의 아들 그리스도 예수를 힘입어 하늘과 땅과 그 안에 있는 모든 것을 지으신 한 분 하나님을 믿는다. 그리스도께서는 피조물을 향한 크신 사랑 때문에 동정녀에게서 태어나시기까지 낮아지셨으며, 자신을 통해 인간이 하나님과 하나되게 하셨고, 본디오 빌라도에게 고난을 받으시고 다시 살아나셨으며, 빛나는 영광으로 높아지셨으며, 구원받을 사람들의 구주이자 심판받을 사람들의 심판자로서 영광 중에 다시 오실 것이며, 진리를 변개하는 사람들과 하나님 아버지를 멸시하고 자신의 강림을 경멸하는 사람들을 영원한 불에 들어가게 하실 것이다. 글로 쓴 문서 없이도 이 믿음을 따르는 사람들은 우리 언어에서 보면 야만인이지만 교리와 태도와 인생 행로에서 보면 믿음으로 말미암아 실로 지혜로우며, 또 의롭고 자애로우며 지혜롭게 정돈하여 대화함으로써 하나님을 기쁘시게 한다.

『이단들을 반박함』 3.4.2, ANF 1:417

훨씬 뒤에 제국의 국경 지대를 넘어 수많은 '야만인'이 쳐들어와서 반
(半)독립적 왕국을 여럿 세웠다. 4세기 말에서 5세기 초가 되자 이러한 침
략이 걷잡을 수 없는 지경이 되었다. 환경이 이렇다 보니 성경을 읽고 해
석하기가 이전 시대보다 훨씬 어려웠을 것이다. 결국은 공적 성경 읽기와
해석이 줄어들었을 것이다.

하지만 그러한 침략 전후에도 그리스도인들이 성경 '읽기'를 말할 때
면 통상은 예배 중에 큰 소리로 읽는다는 뜻이었다. 성경 본문도 몇 군데
서 이 사실을 언급한다. 요한계시록 1:3은 "이 예언의 말씀을 읽는 사람
과 듣는 사람들… 은 복이 있습니다"라고 말한다. 이 구절에서 그리스어
성경은 그저 "읽는"이라고 하지만 신개정표준역 성경은 "큰 소리로 읽
는"이라고 정확하게 옮긴다. 골로새서 4:16도 이러한 공적 읽기에 관해
명료하게 말한다. "여러분이 이 편지를 읽은 다음에는, 라오디게아 교회
에서도 읽을 수 있게 하고, 라오디게아 교회에서 오는 편지도 읽으십시
오." 또 데살로니가전서 5:27에서 바울은 "나는 주님을 힘입어 여러분에
게 명합니다. 모든 믿는 사람들[형제자매들]에게 이 편지를 읽어 주십시
오"라고 말한다.

간단히 말해 신자들 대부분은 성경을 알았으나 자기들이 직접 성경을
읽었기 때문이 아니라 믿음의 회중에게 성경을 낭독해 주는 것을 들었기
때문이었다. 신자들이 직접 성경을 읽기는 대체로 불가능했다. 이 일은

오늘날 우리에게는 놀라울지 모르나, 사실상 성경의 책들이 원래 기록된 용도를 보여준다. 이 책들은 사람들에게, 곧 구약은 이스라엘 백성에게, 신약은 교회에게 큰 소리로 읽히기 위해 기록되었다.

이 말은 '낭독자들'이 교회 생활에서 중요한 역할을 담당했다는 뜻이다. 오늘날 우리가 하는 식으로 누군가에게 사전 준비도 하지 않은 채 성경 낭독을 요청할 수 없었다. 그 임무는 경험이 풍부한 낭독자에게 미리 맡겨야 했으며, 그러면 그 사람은 필요한 만큼 시간을 들여 그 구절을 연구한 후에야 회중 앞에서 본문을 낭독하였을 것이다. 그래서 처음부터 기독교 예배는 성경 낭독과 그 일을 맡은 사람에게 각별히 관심을 쏟았다. 이것은 회당에서 오랫동안 이어온 관례를 따른 것이었다. 이방인들이 유대-기독교 전통에 완전히 무지한 채로 교회에 점점 더 많이 들어오자, 전에 이방인이었던 이 사람들이 창조, 이스라엘 하나님의 강한 역사, 이집트 포로 생활과 해방, 하나님의 계명, 예언자들의 가르침 등을 배울 수 있도록 성경을 읽고 해설하는 데 시간을 더 쏟아야 했다. 이것이 내가 뒤에서 좀 더 자세히 언급할 '말씀 예전'의 배경이다. 교회는 예배에서 말씀을 낭독하는 사람에게 점전 더 큰 명예를 부여했다. 3세기 때의 기독교 묘비명에서는 (모두 남성인) 고인들을 '낭독자'라고 칭하면서 그 말을 경칭으로 사용하는 것을 볼 수 있다.

그보다 이전인 2세기 말이나 3세기 초에 테르툴리아누스가 '낭독자'라는 말을 '사제'와 '부제' 같은 칭호와 대등한 호칭으로 사용한 구절이 있다. 테르툴리아누스는 자기가 이단으로 여기는 사람들 사이에 널리 퍼진 무질서를 밝히고자 노력하는 중에 그들이 계속해서 자기네 주교들을 갈아치운다고 주장하면서 "오늘은 이 사람이 주교이고 내일은 저 사람이 주교다. 오늘 부제인 사람이 내일은 성서 낭독자요, 오늘 사제인 사람이 내일은 평신도다"(『이단 반박 논설』 41, ANF 3:263)라고 말한다. 어느 정도 후에 히폴리투스가 '낭독자'라는 칭호를 인정하면서도 사제와 부제는 안수례를 통해 임명하지만, '과부'와 '처녀'와 '낭독자'는 그렇지 않다고 말한다. 히폴리투스에 따르면 ""낭독자는 주교가 그에게 책을 건네줄 때 그 호칭을 얻지만, 임명받는 것은 아니다"(『사도 전승』 1.12).

250년에 당시 카르타고 주교 키프리아누스가 다음과 같이 공표했다.

> 그런데 내가 사투루스를 낭독자로, 고백자 옵타투스를 차부제(sub-deacon)로 삼았음을 밝힙니다. 우리는 여러 사람의 조언을 따라 이들을 이미 성직자에 버금가는 자리에 세웠으며, 사투루스에게는 다시 부활절 낭독을 맡겼습니다. 그리고 우리는 가르치는 사제와 함께 (낭독자 가운데서 옵타투스를 회중의 교사로 임명하면서) 낭독자도 신중하게 시험해 보고 있었으며, 이들이 성직을 준비하면서 마땅히 갖춰야 하는 것을 제대로 지니고 있는지를 최우선으로 살펴보았습니다.
>
> 서신 23(옥스퍼드 판에서는 39), ANF 5:301

이 글은 낭독자 문제와 관련해 여러 이유로 흥미롭다. 낭독자들이 임명된다고 말할 뿐 아니라 그들에게 다른 역할, 특히 세례 준비자인 예비신자들을 가르치는 임무도 맡겼던 것으로 보인다. 분명 그런 교육을 전담한 사제가 있었으나 낭독자도 역시 그 일에 참여했다. 낭독자들은 자기에게 다들 귀 기울이는 예배 시간에 성경을 가지고 일해야 할 뿐만 아니라 읽을 본문을 미리 신중하게 연구해야 했으므로 성경을 특히 잘 안다고 알려졌으니, 예비신자 교육을 이들에게 맡길 만하다고 여기는 것도 무리가 아니었다.

고대의 많은 증거를 보면 기독교의 예배가 크게 두 부분으로 구성되고 마침내 그 두 부분에 '말씀 예전'과 '성찬 예전'이라는 이름이 붙었다는 결론에 이르게 된다. 말씀 예전은 몇 시간이나 계속될 수 있었고, 하나님을 향한 기도와 찬양 외에 예전 시간 대부분을 성경 본문을 폭넓게 읽고 해설하고 적용하는 데 할애하였다. 성찬 예전은 성찬례였다. 말씀 예전은 대체로 회당을 본보기로 삼았지만 회당 예배보다 규모가 훨씬 더 컸는데, 히브리 전통이나 교리나 도덕 원리를 거의 모르는 채로 복음을 받아들인 이방인 회중을 교육해야 했기 때문이다. 말씀 예전에서는 성경이 핵심 역할을 했다. 예배의 둘째 부분인 성찬 예전에는 세례받은 그리스도인만 참석할 수 있었으니, 나머지 사람은 말씀 예전이 끝나면 흩어졌을 것이다. 성찬 예전에서도 성경을 많이 언급했지만, 성경 연구보다는 주의 만찬을 나누는 활동이 중심이었다. (일부 학자들의 주장에 따르면 말씀 예전에 회당의 예배 관습이 반영되었던 것처럼 성찬 예전에도 유대교의 성전 예배가 반영되었다. 이에 대한 증거로서 신자들이 주의 만찬을 언급하면서 '제사'[sacrifice]라는 말을 사용한 것을 든다. 일찍이 이 말은 1세기 말에 나온 것이 분명한 기독교 문헌인 디다케에 등장한다. 디다케에서는 성찬례가 예언자들이 언제 어디서나 드릴 것이라고 선포한 제사, 곧 성전뿐 아니라 세상 곳곳에서 드리는 제사라고 주장한다[디다케 14.3].)

고대의 몇몇 문헌을 근거로 우리는 이 두 예전, 곧 두 예배 행위를 단일 집회에서 연이어 거행했다는 사실을 확인할 수 있다. 앞에서 유스티누스가 "사도들의 회고록"과 예언서 낭독을 언급하는 글을 살펴보았는데, 그 글에서 유스티누스는 낭독 후에는 인도자가 말하고 (설교하거나 성경을 해설하고) 이어서 성찬례를 한다고 말한다. 하지만 (유스티누스 때보다 40년쯤 앞선) 112년쯤에 소(小) 플리니우스 총독이 트라야누스 황제에게 보낸 편지에서 보고하기를, 그리스도인들은 먼저 함께 모여 하나님에게 하듯이 그리스도에게 교창으로 찬양을 올리고 선한 행동에 힘쓰기를 약속하고서는 흩어졌다가 나중에 공동 식사를 위해 다시 모인다고 말했다. 따라서 관행은 지역 상황에 따라 달랐으며, 단일 집회에서 말씀 예전을 먼저 하고 나서 성찬례에 참석할 준비가 안 된 사람들이 자리를 뜬 후에 성찬 예전을 행하는 것은 훗날에 보편화되었을 것이다.

여기서 우리의 관심은 두 예전 가운데 첫째 예전에 있다. 말씀 예전은 교인은 물론이고 세례 지원자나 다른 사람들이 성경 낭독을 들을 수 있는 주요 기회였기 때문이다. 말씀 예전에 찬양과 기도가 통상으로 들어갔겠지만, 중심은 폭넓은 성경 낭독이었고 그 다음에는 읽은 말씀과 그 말씀이 그리스도인에게 어떠한 중요한 의미가 있는지 설교하거나 해설했다. 사람들에게 시계가 없었기 때문에 예전 시작 시각을 정확히 정하기가 쉽지 않았다. 예배 시간이 가까워지면서 신자들이 조금씩 몰려들었을 것이다. 적어도 일부 지역에서는 회중이 모두 도착하기를 기다리는 동안 먼저 도착한 사람들에게 성경(보통은 히브리 성경)을 읽어 주었을 것이다.

히브리 성경에 관해 논할 때, 기독교가 등장하던 무렵에는 구약 정경이 아직 완전하게 결정되지 않았음을 기억하는 것이 중요하다. 율법서 다섯 권과 예언서들은 확실히 성서로 간주되었다. 하지만 셋째 범주인 '성문서'의 경우, 유대인들 사이에 여전히 의견 차이가 있었다. 유대교가 오랜 과정을 거친 후 오늘날 히브리 성경이라고 부르는 정경을 손에 넣게 된 시기는 기독교가 전파되던 초기의 몇십 년 사이였다. 그리스도인은 대체로 히브리어로 쓰인 성경을 읽거나 사용하지 않고 70인역 성경이라고 알려진 그리스어 번역본을 사용하였는데, 이 번역본에는 히브리 정경에 없는 책이 들어 있었다. 그래서 교회에서 낭독하는 책 가운데는 유대교에서 유래했지만 히브리 정경에는 속하지 않는 책들이 있었으니, 앞서 1장에서 설명했듯이 현재 '제2정경'이라고 불리는 책들이다.

이 말씀 예전에는 자리를 비운 지도자들이나 다른 교회가 보낸 편지 낭독도 포함된다. 바울과 그의 서신들, 그리고 요한계시록에서 풍부한 사례가 확인된다. 또 교회 회중에게 읽어 주도록 기록한 다른 서신들도 있다. 요한이 계시록을 기록한 때와 거의 같은 시기인 1세기 말에 클레멘스가 주교로 있던 로마 교회는 고린도 교인들에게 편지를 보내 일치를 이루라고 요청하였는데, 이 편지가 분명 전체 회중 앞에서 낭독되리라고 기대하였다. 얼마 후 안티오키아의 이그나티우스는 로마에서 순교하러 가는 길에 편지 일곱 통을 써서 한 통은 로마의 기독교 공동체에게, 한 통은 스미르나의 폴리카르푸스에게, 나머지 다섯 통은 여러 교회에게 보냈다 (이 책 2장을 보라).

히브리 성경에 들어갈 책 목록이 아직 작성 중이었듯이 신약 정경도 형태를 갖추어 가는 중이었다. 앞에서 살펴본 대로 초기부터 말씀 예전에는 복음서와 바울 서신과 여러 문헌 낭독이 포함되었다. 처음에는 말씀 예전에 포함해 교회에서 낭독할 책 목록을 작성하려는 시도가 없었다. 그러나 그리스도인 다수가 따르는 교리와는 다른 교리를 주장하는 책 몇 권이 유포되면서 고대 기독교의 책 가운데 교회에서 성서로 읽어야 하는 책과 읽지 말아야 하는 책을 결정하는 과정이 시작되었다. 그 과정에서 어떤 책을 배제할 것인가를 판정하는 주요 기준은 두 가지로, 이단적인 교리를 담고 있는 책과 시기적으로 늦게 나온 책이었다. 이 두 기준에 동시에 해당하는 경우가 흔했기에 그리스도인들이 어떤 책을 배제해야 할지 쉽게 알 수 있었다.

말씀 예전에서 낭독은 몇 시간이 걸리기 일쑤였다. 흔히 한 책을 처음부터 끝까지 순서대로 읽었다. 하루에 끝낼 수 없으면 다음 집회 때 이어서 읽었다. 이와 같은 연독(連讀)에는 시간이 꽤 많이 들었다. 현존하는 고대의 성경 주석서들이 실은 연속 설교인 이유가 바로 이것이다. 때로는 전한 사람이, 때로는 듣고 기록한 사람이 연속 설교와 설명을 모아 성경 주석으로 만들었다.

이런 식의 본문 낭독은 회당의 관습을 모방했을 가능성이 아주 크다. 회당에서는 단선율 곡조 형식으로 낭독했으며 그래서 읽는 것을 멀리서도 쉽게 듣고 이해할 수 있었다. 4세기에 들어와 성서를 단선율로 낭송하는 관습이 널리 퍼졌는데, 회당의 낭독 방식에서 유래했을 것이다.

유적이 남아 있는 가장 오래된 교회(시리아의 두라 에우로포스에 있는 교회)를 보면 주집회장에 작은 연단이 있는데, 읽거나 말하는 사람이 그곳에 서서 회중에게 말할 수 있었다. 이것이 고대 교회의 공통점이었다.

연단에는 읽을 책을 놓는 독서대가 있었다. 고대의 어느 그림을 보면 낭독자가 자리에 앉아서 낭독하는 모습을 그렸다. 이러한 묘사가 당연한 이유는 앞에서 언급했듯이 때로는 성서 낭독과 해설에 몇 시간이 걸릴 수 있었기 때문이다. 고대에 일부 교회는 연설자가 서는 연단을 난간이나 난간 비슷한 구조물로 돋보이게 했다. 연설자나 배우를 위해 설치한 무대나 연단을 라틴어로 '풀피툼'(pulpitum)이라고 불렀는데, 여기에서 영어 '풀핏'(pulpit, 설교단)이 유래했다.

낭독자들은 예배시의 공적 읽기뿐 아니라 필사본 관리 책임도 맡았다. 예를 들어, 북아프리카 시르타의 시장이 기독교의 성경을 몰수하라는 칙령에 따라 바울 주교에게 거룩한 문서를 내놓으라고 요구하자 때 주교는 "우리 문서는 낭독자들에게 있다"고 대답했다고 한다.

유스티누스가 말했듯이 낭독한 본문을 해석하여 회중의 삶에 적용하는 사람은 낭독자가 아니라 주교나 사제, 곧 유스티누스의 표현으로는 '주재하는 사람'이었다. 글을 모르는 주교들도 있었는데, 그런 주교들은 분명 낭독자에게 본문 낭독을 회중보다 먼저 듣고는 설교할 때 그 본문에 관해 설명했을 것이다. 그와 같은 예외가 있기는 해도, 성직자나 주교의 중요한 직무가 설교를 통해 성서를 해설하는 것이었기에 읽기 능력은 안수할 때 거의 보편적 필요 조건이 되었다.

4세기 초에 콘스탄티누스의 통치가 시작되면서 교회의 위상이 크게 높아지자, 교회 지도자들이 그 엄청난 인구를 가르칠 수 있는 최상의 수단은 말씀 예전에서 행하는 설교였다. 그 결과 4세기와 5세기 초부터 아우구스티누스와 요하네스 크리소스토무스 같은 설교자가 풍성한 설교를 물려주게 되었다. 이들 설교 대부분은 성경 강해로서 흔히 복음서 가운데 한 권에서 시작해 그 복음서가 전체 성경 역사와 어떠한 관계가 있는지 보여주었으며, 성경의 어느 한 책을 읽고 해설하는 데 몇 주를 할애하기도 했다.

그런데 점차 성찬 예전을 더 강조하게 되면서 성경 연구와 설교와 해설이 서서히 중요성을 잃었다. 이러한 쇠퇴가 라틴어권 세계 도처에서 늦어도 6세기에 시작되어, 몇 가지 예외가 있지만 16세기까지 지속되었다. 이 현상은 성찬례를 말 그대로 빵과 포도주가 그리스도의 몸과 피로 변하는 기적으로, 곧 성경에 나오는 그 외의 모든 기적을 무색하게 만들어 버리는 기적으로 여기는 견해가 점점 더 강력해졌기 때문일 것이다. 또 로마제국 인구의 대규모 개종과 라인강과 다뉴브강 건너에 살던 민족들의 침입 때문이기도 한데, 이들 대다수가 성경에 무지했다. 그래서 사제들 대다수가 성경을 읽고 설명하지 못하는 상황이 되었기에, 예전 활동을 성찬례로 국한할 수밖에 없었다. 또 다양한 민족이 난입하면서 자기네 언어도 들여왔던 탓에 의사소통에도 심각한 어려움이 있었다. 물론 피정복민이 라틴어를 천천히 말함으로써 다수의 정복민과 소통할 길을 트기는 했으나, 정복민이 이해할 수 있게끔 성경을 설교하고 해설하기는 쉽지 않았다. 결과적으로 예배에서 하던 성경 연구와 해설은 대성당 학교에서 또는 몇 세기 후에 설립된 대학교에서 하던 학문 활동처럼 특별한 경우로 국한되었다. 서민들의 실제 예배에서는 설교가 사실상 자취를 감췄다. 주목할 만한 예외도 있고 클레르보의 베르나르두스 같은 위대한 설교자들도 있었으나 인구 대부분은 그러한 설교자들의 말을 정기적으로 들을 기회조차 누릴 수 없었다.

그처럼 열악한 형편에서 대체로 사람들은 예전에서 반복적으로 사용하는 성경 본문 몇 개, 이를테면 마리아와 시므온의 노래 같은 본문은 알고 암송할 수 있었다. 각 세대의 사람들은 성탄절과 고난주간처럼 반복되는 절기를 통해서, 그리고 교회를 장식하는 풍성한 예술 작품을 통해 성경 이야기와 사건을 배워서 다음 세대에게 설명해 주곤 했다. 중세의 대성당에는 얇게 제작한 부조, 조각상, 벽면과 천장의 모자이크화, 채색창들이 아주 많아서 교육받지 못한 사람에게 이야기책이 되었다고들 한다. 그러한 교회 예술에서 묘사한 인물과 사건의 출처는 주로 성경이었지만, 이들 성경 인물이나 이야기에 그와 유사한 권위를 부여받은 전설상의 인물이나 이야기를 곁들이는 경우가 흔했다.

그렇다고 해서 성경을 공부하거나 묵상하는 사람이 전혀 없었다는 말은 아니다. 도리어 중세 내내, 특히 13세기 초부터는 성경을 연구하는 오랜 전통이 있었다. 안타깝게도 이런 연구는 주로 수도원과 학문 영역에 국한되어서, 대부분의 사람들이 참석하는 예배에서는 찾아보기 힘들었다.

종교개혁 시대에 이르러 설교 중에 성경을 읽고 해설하는 일이 다시 주일 예배의 비중 있는 요소로 자리 잡기 시작했다. 루터를 비롯해 칼뱅과 그 외 위대한 종교개혁자들은 성찬례의 중요성을 강조하고 가능하면 일요일마다 성찬례를 행해야 한다고 말하면서 거룩한 본문을 설교할 필요성도 주장하였다. 그즈음 발명된 인쇄기 덕분에 성경을 유럽의 여러 언어로 새로 번역하여 널리 배포할 수 있었으며 인구당 문해율도 높아졌다. 개신교도들은 특히 설교가 필요하다고 생각했는데, 전체 인구를 재교육하고 복음을 다른 면으로 이해하는 법을 가르쳐야 한다고 느꼈기 때문이다. 역으로 로마 가톨릭교회의 일부 진영에서는 개신교의 설교에 맞대응할 필요를 느껴서 설교를 강조하기 시작했다. 하지만 오랜 세월이 지나서, 20세기에 열린 제2차 바티칸 공의회에서야 비로소 설교를 로마 가톨릭교회 예배의 필수적인 요소로 회복하였다.

8장
시편 사용

히브리 성경의 모든 책 가운데서 신약에서 가장 많이 인용하는 책은 시편이다. 그처럼 많이 인용된 사실이 보여주듯이 이 특별한 책은 그리스도인의 신앙생활에서 중요한 역할을 했다. 신약에는 시편으로 찬양하기를 직접 언급하는 구절이 에베소서 5:19, 골로새서 3:16, 고린도전서 14:26에 있다. 에베소서에서는 신자들에게 다른 사람과 함께 "시와 찬미와 신령한 노래"로 찬송하라고 권고한다. 골로새서에도 "시와 찬미와 신령한 노래로… 하나님께 찬양하십시오"라며 비슷한 목록이 나온다. 고린도전서 본문은 "찬송하는 사람도 있고, 가르치는 사람도 있고, 하나님의 계시를 말하는 사람도 있고, 방언으로 말하는 사람도 있고, 통역하는 사람도 있습니다"라고 하여, 이러한 노래가 개인의 영감과 관련 있음을 넌지시 말하는 듯하다.

신약에서 저자들 상당수가 인용하고 거듭 예수께 적용한 구약 본문은 "집 짓는 사람들이 내버린 돌이, 집 모퉁이의 머릿돌이 되었다"는 시편 118:22이다. 예수께서도 포도원과 소작인의 비유에 곁들여 이 본문을 인용하신다(마 21:42, 막 12:9, 눅 20:17). 베드로는 산헤드린 앞에서 이 본문을 예수께 적용한다(행 4:11). 그리고 베드로전서 2:7에서도 이 본문을 다시 한번 예수께 적용한다. 요한계시록에는 시편, 그중에서도 특히 할렐 시편(시 113-118편)을 넌지시 인용하는 긴 단락이 있다.

초기 그리스도인들이 예수의 의의라는 주제로 다른 유대인과 논쟁할 때 시편을 거듭 인용하고 다윗을 예언자라고 불렀다는 사실에 주목할 필요가 있다. 당시에는 히브리 성경의 정경이 아직 확정되지 않았는데, 토라와 예언서는 확실히 거룩한 책이었지만 성문서라고 알려진 모음집은 여전히 확정되지 않았기 때문이다. 그런데도 그리스도인들이 시편을 빈번히 인용하면서 예수에 관한 "다윗의 예언들"이라고 해석한 데서 나타나듯이 시편의 권위는 널리 인정받았다.

또 초기 시대에 그리스도인들이 히브리 전통에 속한 시편과 기독교에 뿌리를 둔 찬송가로 주님을 찬양했다는 것을 보여주는 확실한 증표가 있다. 이 사실이 놀랄 일은 아닌데, 예수와 첫 제자들의 시대에도 유대인들은 여전히 다윗에게 속한 것과 유사한 시편이나 찬송시들을 짓고 있었다고 추정할 수 있기 때문이다. 예를 들어 일부 학자는 시편 2편이 주전 100년쯤에 작성되었다고 주장한다. 또 사해 문서 가운데는 정경에 속하는 시편과 아울러 에세네 공동체가 지은 것으로 보이는 다른 시편이 담겨 있는 필사본이 여럿 있다.

신약에는 정경 시편을 인용한 구절 외에 기독교 찬송도 많이 들어 있다. 그 가운데서 정말로 주목할 만한 찬송을 빌립보서 2:6-11, 골로새서 1:15-20, 히브리서 1:3에서 볼 수 있다. 또 누가복음에도 얼마 지나지 않아 고대 교회가 부르는 찬송가가 된 노래와 시 구절이 여럿 있는데, 그 중에 세례 요한이 태어난 후 사가랴가 부른 노래(베네딕투스), 엘리사벳을 방문하는 중에 마리아가 부른 노래(마그니피카트), 아기 예수가 성전에 갔을 때 시므온이 부른 노래(눈크 디미티스)가 있다.

그렇기는 해도 초기 교회의 시편 사용에 대해서는 알려진 것이 거의 없다. 분명 시편은 성전과 회당의 유대인 예배에서 중요한 요소였으며 그래서 그리스도인들도 시편을 계속 사용했을 것이다. 확실히 이 시편들은 예수께서 회당 예배에 참석하면서 부르신 노래였고, 십자가에서 그 중 한 구절을 인용하기까지 하셨다. 그때부터 여러 세기에 걸쳐서 시편을 노래하고 낭송하기는 기독교 예배의 한 부분이었으며, 오늘날도 그리스도인은 자기가 읽고 암송하는 시들을 예수께서도 어린 시절에 배우셨고 살아가면서 되뇌이셨음을 생각하고 감동한다.

교회 역사에서 그리스도인들이 박해의 위협 아래 살아가던 처음 3세기 동안 시편이 기독교 예배에서 정확히 어떻게 사용되었는지 밝히기는 쉽지 않다. 교회 예배에서도 성전이나 회당에서 사용하던 시편을 계속 사용했다는 데는 의심의 여지가 없다. 이러한 시편 사용을 테르툴리아누스와 히폴리투스 같은 고대 저술가들의 글에서 언급하기는 하지만 그 사용법에 대해서는 말할 거리가 거의 없다. 아주 이른 시절 교회에서 시편이 어떻게 사용되었는지를 밝히기가 어려운데, 우선은 박해당하던 그 시대 교회의 내적 삶과 예배를 기록한 증거가 없기 때문이며, 둘째는 1세기 회당의 시편 사용에 대한 명확한 자료도 없기 때문이다. 잘 알려져 있듯이 두 번째 성전이 파괴되기 전에는 정해진 축일에 특정 시편을 노래하여 그날을 돋보이게 했다. 하지만 시편을 회당에서 언제 어떻게 사용하기 시작했는지 알아내기는 불가능하다. 교회가 회당을 어느 정도로 모방해서 시편을 사용했는지, 역으로 회당은 교회를 어느 정도로 모방하여 그 관습에 따름으로써 교회와 경쟁하고자 했는지 알아내기는 똑같이 불가능하다. 교회와 회당 양쪽에서 이루어진 일을 좀 더 명확하게 기술하는 최초의 문헌들이 마침내 드러나면서 놀랄만한 유사성이 확인되었다. 사실상 회당 출신이요 가능하기만 하면 회당에서 예배를 드리고자 했던 초기 그리스도인들은 이런 노래들을 부르는 관습을 회당에서 배웠으며, 회당으로부터 그들이 현재 모이는 교회로 도입한 것이 확실해 보인다.

시편을 성전에서는 합창단이 불렀지만, 회당과 교회에서는 주로 독창자가 불렀으며, 회중은 이 독창자에 호응하여 짧은 후렴이나 교송(交誦, antiphon)을 여러 차례 불렀다. 이런 절차가 언제 시작되었는지는 정확히 알 수 없다. 그리스도인들은 특정한 순서에 따라 시편을 사용하는 관례를 확정했지만, 유대인들은 특별한 경우에만 이런 관례를 따랐다.

어느 음악을 사용했느냐는 문제를 깊이 연구하고 논의했으나 실제로 말할 수 있는 것은 기껏해야 중동에 있던 더 오래된 유대교 공동체에서 시편을 노래하던 방식과 전통적 기독교의 암브로시우스 성가, 그레고리우스 성가, 비잔틴 성가 사이에 유사성이 존재한다는 사실뿐이다.

그리스도인의 신앙생활과 예배에서 시편을 사용한 증거 자료는 박해가 끝난 후인 4세기에 아주 많아지기 시작했다. 사례를 많이 들 수 있겠지만, 아래에 나오는 대(大) 바실리우스의 말로도 충분할 것이다.

우리 쪽 사람들은 밤에 기도처에 가서 고통과 번민을 끌어안고 눈물 흘리며 하나님에게 고백하고, 한참 후에 기도 자리에서 일어나 시편을 부르기 시작합니다. 그다음에 두 편으로 나뉘어 서로 번갈아 노래하며, 그렇게 해서 자기들이 공부한 복음서를 확증하며 동시에 혼란에서 벗어난 마음과 신중한 성품에 이릅니다. 이어서 다시 한 사람에게 선창을 맡기고, 나머지 사람들이 이어받아 부릅니다. 그렇게 간간이 기도하고 여러 찬송시를 부르면서 그 밤을 지낸 후에, 동이 트기 시작하면 한목소리와 한마음으로 주님에게 죄 고백의 시편을 올려 드리며 각자 참회를 표현합니다.

서신 207, *NPNF²* 8:247

또 히에로니무스가 어머니를 여읜 동료 에우스토키아를 위로하고자 보낸 편지도 있다. 히에로니무스는 그 어머니를 기억하면서 이렇게 썼다. "그들은 차례로 시편을 그리스어로, 라틴어로, 시리아어로 노래했습니다. 그리고 이 일은 부인이 주님의 무덤과 가까운 곳, 교회의 지하에 묻히기 전 사흘 동안만 아니라 그 주간의 나머지 날에도 계속 이어졌습니다"(서신 108.30, *NPNF²* 6:211).

이러한 증언들보다 훨씬 전부터 노래는 그리스도인의 신앙생활에서 중요한 위치를 차지했으며, 이러한 위치를 여러 세기 내내 유지했다. 특히 4세기에 들어와 시편은 세 영역, 곧 예배(그리고 예배가 전체 백성에게 미친 영향), 수도원의 경건 생활, 개인 독서에서 중요했다.

먼저 회중 예배를 살펴본다. 아무리 늦어도 4세기부터는 시편으로 찬양할 때 회중이 둘로 나뉘어 서로 화답하곤 했다. 하지만 회중의 규모가 커지면서 다른 화답 형식을 더 많이 사용하게 되었는데, 독창자가 시편의 본문으로 찬양하면 회중은 잠시 시간 간격을 둔 후에 짧은 구절로, 아니면 때로는 영광송(Gloria Patri, "성부와 성자와 성령께 영광")으로 화답하였다. 회중의 이러한 화답을 교송(antiphon)이라고 불렀으며, 나중에는 *gradum*(연단의 층계)이라는 말에서 유래한 층계송(graduals)이라고 불렀는데 독창자가 설교단 층계에 서서 노래했기 때문이다.

독창자와 합창단원의 음악적 기량 및 그에 따라 그들이 누리는 영예가 매우 중요해졌으며, 특히 독창자들은 595년에 대 그레고리우스가 개최한 교회회의에서 아래와 같이 선언할 정도로 존경받았다.

이 거룩한 로마 교회에 매우 부끄러운 관습이 생겨났으니, 찬양 사역을 위해 선택된 사람들에게 제단 사역까지 맡겼는데, 이들이 삶에 대한 엄격한 심사도 거치지 않은 채 부제로 임명되고서는 설교의 직무는 제쳐두고 가난한 자들을 돌보는 일도 게을리하면서 노래 부르는 일에만 전념한다는 것이다. 그래서 아름다운 목소리를 구실 삼아 거룩한 사역에 합당한 생활이라는 문제를 소홀히 한다. 이러한 식으로 사람들이 아름다운 목소리에 취해 기뻐하는 동안, 하나님이 진노하셨다. 이러한 이유로 이 교령에서는 교회 안에서 엄숙한 미사 중에 복음서를 낭독할 때 외에는 노래하지 말 것을 거룩한 제단의 사역자들에게 명한다. 시편들은 차부제가 부르거나, 필요한 경우 하급 직분에 속한 다른 사람이 부르도록 한다.

Mansi 10:3434

세월이 흐르면서 성찬례가 두드러지고 말씀 예전이 무색하게 되면서 정규 예배에서 시편을 읽고 해설할 기회가 줄었다. 하지만 그 외에도 일반 대중이 함께 시편으로 찬양할 행사가 많았다. 이러한 행사에는 교회 자체 내에서 치르는 축일 전야 모임이 있고, 수도원 공동체에서 보통은 주민들이 에워싸고 지켜보는 자리에서 이루어지는 모임도 있었다. 4세기 말에 고향 갈리시아를 떠나 성지 순례에 나섰던 에게리아라는 여성이 남긴 기록 덕분에, 중요한 축일에 시편을 노래하는 일에 관한 정보가 많이 남았다. 에게리아는 일지를 기록하여 스페인에 있는 자매들에게 보냈는데 그중 상당수가 지금도 남아 있다. 그 일지에서 자매들에게 전하는 내용에 따르면, 성목요일이면 성금요일이 될 때까지 낮과 밤을 꼬박 들여 연이어 예배를 하는데 시편을 노래하기가 그 중심에 있었다.

이 모든 시편 찬양 덕분에 결과적으로 성직자는 물론이고 평신도 사이에도 시편이 널리 알려졌다. 시편을 꾸준히 되풀이하여 읽었기 때문에 사람들이 시편을 아예 외울 정도였다. 이것이 신자 대부분에게는 지극히 중요했는데, 그들에게는 성경이 없었으며 혹 성경을 갖게 되더라도 읽는 법을 몰랐을 것이기 때문이다. 그러한 사람들에게는 시편과 기타 성경 구절 암송이 성경을 배우고 묵상할 수 있는 유일한 방법이었다. 이와 비슷한 일이 사가랴의 찬가와 마리아와 시므온의 찬가처럼 자주 부르던 성경의 다른 찬송가와 관련해서도 일어났다. 제2차 니케아 공의회(787년)에서는 주교로 임명되기 위해 시편을 아는 것이 필수 조건이라고 결정했는데, 이는 시편을 암기하는 일을 가리킨 것으로 보인다.

그런데 얼마 지나지 않아 문제가 발생했다. 5세기에 들어와 여러 민족의 침략을 겪게 되면서 지금까지 널리 사용되던 라틴어가 많은 지역에서 쇠락하기 시작한 것이다. 라틴어가 소멸 중이라고 해도 교회는 계속 라틴어로 예배 드리기를 고집했는데, 여기에는 다양한 문화로 크게 분열된 기독교 세계의 하나 됨을 지키려는 의도도 있었다. 그래서 사람들이 여전히 라틴어로 노래를 듣고 부르면서 그 의미가 무엇인지 대강은 알고 있지만, 더는 라틴어를 구사하지 않는 대중의 신앙생활에서 시편은 성서 전체와 마찬가지로 그 중요성을 상실하였다.

시편은 대중 사이에서 중요성이 줄어드는 바로 그때도 수도사의 경건 생활에서는 중심 위치를 차지하였다. 4세기에 파코미우스가 이집트에 최초로 수도원을 세우면서 수도사들은 하루에 세 번, 곧 해 질 녘과 밤과 새벽에 모여야 하고 모일 때마다 시편 열두 편을 암송해야 한다고 가르쳤다. 시편은 번갈아 부르는 식으로 암송하였는데, 수도사 하나가 시편 본문으로 노래하면 나머지 수도사들이 그에 화답하여 짧은 구절이나 교송으로 노래했다. 이집트에 있는 나머지 수도원들도 비슷한 관례를 따랐다. 시리아와 팔레스타인에서도 비슷한 방식이 널리 사용되었는데, 기도 시간마다 불러야 할 시편 수가 다소 더 많기는 했다. 시간이 흘러 서방 교회에서는 특히 성 베네딕투스 규칙의 영향을 받아 하루에 여덟 번 기도하면서 매주 시편 전체를 부를 정도로 순서와 비율을 정해 시편을 노래하는 방식이 일반화되었다. 전통적으로 라틴어를 구사하던 지역에서는 시편을 지속하여 암송함으로써 수도사가 라틴어를 배우고 계속 사용하게 되었고, 그렇게 해서 시편의 아름다움과 영향력이 지속될 수 있었다.

게다가 중세 전체에 걸쳐서 경제적으로 여유롭고 교양있는 사람들은 개인 시편 읽기를 이어갔다. 시도서(時禱書, book of hours)를 소장한 사람도 있었는데, 이 기도서의 명칭은 베네딕투스회에서 지정해 놓은 매시간 기도와 시편 읽기 순서를 따른 데서 유래했다. 시도서에는 흔히 시편의 여러 주제를 시사하는 화려한 채색화가 수록되어 있다.

앞서 말했듯이 인쇄기 발명과 종교개혁으로 개인이 시편을 포함해 성경 본문에 다가가는 문이 활짝 열렸다. 서유럽에 새로 등장한 여러 언어로 시편집이 번역되어 널리 배포되었는데 인쇄기 발명 후 처음 50년 동안에 300개가 넘는 판본이 제작되었다. 그중 다수가 가톨릭판이었으며 나머지는 프로테스탄트판이었다. 두 판본의 가장 큰 차이점은 가톨릭의 시편 판본이 전체 성경과 마찬가지로 라틴어 불가타 역본을 번역했지만, 프로테스탄트 판본은 히브리어 본문을 토대로 했다는 점이 70인역 성경 곧 불가타 역본을 따라 시편에 번호를 매긴 판본은 히브리어 성경의 번호와 달랐으며, 그래서 가톨릭 성경의 시편 번호와 프로테스탄트 성경의 시편 번호가 다르게 되었다. 이런 차이가 생겨난 이유는, 70인역 성경과 불가타 역본에서는 히브리어 시편 9편과 10편을 114편과 115편처럼 하나로 묶었지만, 시편 116편과 147편은 각기 두 편으로 나누었기 때문이다. 결과적으로 어느 성경에든 번호는 서로 다르게 매겼어도 똑같이 시편이 150편 들어 있다. 근래에 히브리어 성경을 직역한 일부 가톨릭 성경은 히브리 성경에 매긴 시편의 번호를 그대로 따르므로 개신교 성경과 정확하게 일치한다. (하지만 시편 9편과 10편이 한 편의 답관체[踏冠體, acrostic: 각 행의 첫 글자를 모으면 단어나 문구나 알파벳을 이루는 시의 형태, 이합체시라고도 부른다-편집자]이며, 그런 까닭에 70인역 성경과 불가타

초기 교회의 성경

역본이 두 시편을 하나로 합친 것이 옳다는 사실은 기억해 두어야 한다.)

이처럼 시편 번역본들을 대량 인쇄하고 널리 배포한 결과, 시편에 관한 관심이 다소 높아지기는 했으나 시간이 흐르면서 시편이 다시 가톨릭과 개신교 양쪽 신자들의 신앙생활에서 중요성을 잃기 시작했다. 부분적으로는 여러 행사에서 시편을 낭독하던 초기 관습이 쇠퇴했기 때문이다. 또 시편 자체를 바라보는 관점이 상이했기 때문이기도 한데, 당시 시편을 고대 이스라엘 신앙의 증언으로 또는 유물로까지 보는 경향이 있었다. 이와 대조적으로 중세와 고대의 교회에서는 시편을 그리스도론의 관점에서 이해했다. 아주 초기인 그 시절부터 시편을 예수에 관한 예언적 선포로 해석하는 경우가 흔했다. 아니면 예수의 삶과 경험을 나타내 주는 말씀으로 해석하거나 예수께서 시편을 통해 말씀하시는 양 해석했다.

이 사실은 아우구스티누스가 시편 59편에 가장 먼저 나오는 표제를 언급하는 말에서 볼 수 있다.

여러 시편에 이처럼 표면에 표기되어 있지만, 사실 모든 시편에서 주님의 고난을 예언합니다. 그러므로 여기서도 주님의 고난을 찾아보고, 머리와 몸이신 그리스도에 관해 말하는 것을 들어봅시다. 이처럼 언제나, 아니면 거의 언제라도 시편에서 그리스도의 말씀을 들읍시다. 그래서 머리이시며 하나님과 인간 사이의 중보자이시며 사람이신 그리스도 예수를 바라볼 뿐 아니라… 머리이시며 온전한 몸이요 온전한 인간이신 그리스도에 대해서 생각해 봅시다. 사도 바울이 우리에게 "너희는 그리스도의 몸이요 지체의 각 부분이라"고 말하기 때문입니다. 따라서 그리스도가 머리이고 우리는 몸이라면, 그리스도 전체는 머리이자 몸이십니다. 때로는 여러분이 머리에 적용하기에는 어울리지 않는 말씀을 만나는데 그 말씀을 몸에다 적용하지 않는다면 여러분의 이해가 갈팡질팡할 것입니다. 다시 말해, 여러분은 몸에 적합한 말씀이지만 그리스도께서 하시는 말씀을 발견한 것입니다.

「시편 강해」 59.1, BAC 246:499

중세 전체에 걸쳐 시편 암송과 묵상이 그토록 중요했던 주된 이유는 바로 그리스도 중심적인 동시에 신자들의 실제 삶을 다루는 이러한 해석 때문이다. 게다가 아우구스티누스와 그의 세대에서만 시편을 이러한 방식으로 읽지는 않았다. 8세기가 흐른 후 토마스 아퀴나스도 동일한 견해를 주장했다. 그리고 아퀴나스 이후로 3세기가 더 지나서 마르틴 루터와 장 칼뱅도 이와 유사한 방식으로 시편을 이해하였다. 장 칼뱅이 그 사실을 매우 분명하게 보여준다.

내가 이 책[시편]을 '영혼에 대한 철저한 해부'라고 불러왔는데, 틀린 말은 아닌 것 같다. 사람이 자각하는 감정 가운데 시편에서 거울에 비추어 보듯 드러나지 않는 것은 없기 때문이다. 오히려 성령께서는 여기서 모든 비탄, 슬픔, 두려움, 의심, 희망, 염려, 불안, 간단히 말해 사람의 정신을 혼란스럽게 하기 일쑤인 모든 감정을 삶의 표면으로 끌어내신다. 성경의 다른 부분에는 하나님이 당신의 종들을 명하여 우리에게 전하게 하신 계명이 담겨 있다. 그런데 여기 시편에서 예언자들은, 자기들이 하나님에게

초기 교회의 성경

아뢰는 모습을 우리가 지켜본다는 것을 알고는, 자기 내면 깊숙한 곳에 있는 생각과 정념을 남김없이 드러내면서, 우리에게도 우리를 지배하는 많은 결점과 가득 채우고 있는 악을 아무것도 숨기지 말고 철저하게 살피기를 요청하고 강권한다. 모든 은밀한 죄악이 드러나고 마음이 빛 가운데로 이끌려서 극히 사악한 질병인 위선에서 벗어나는 것만큼 소중하고 멋진 유익도 없을 것이다. 요컨대 하나님에게 구함이 우리의 안전을 굳게 다지는 주요한 방편이며 또 이 일에서 우리를 바르고 온전한 길로 인도하는 규칙은 시편에서만 찾을 수 있으므로, 인간이 시편을 이해하고 숙달하는 만큼 천국 교리에서 가장 중요한 내용을 알게 된다고 결론지을 수 있다. 참되고 진실한 기도는 우선 자신의 곤경을 아는 데서 비롯되고 다음으로 하나님의 약속에 대한 믿음에서 나온다.

『시편 주석』 머리말, 칼뱅 주석 전집 제4권 (Grand Rapids: Baker Book House, 1979), xxxvi - xxxvii

루터와 칼뱅은 물론이고 다른 개혁자들과 그들의 후계자들도 시편을 아주 소중하게 여겼다. 그들 가운데는 시편을 시적으로 번역하여 출판한 사람도 있는데, 그중에는 인기를 많이 얻은 번역도 있다. 가장 유명한 것으로는 마르틴 루터가 시편 46편을 번역해 각색한 작품이 있는데, 지금은 "내 주는 강한 성이요"라는 찬송가로 알려져 있다. 다른 시편 몇 편도 오늘날 그리스도인들 사이에 여전히 인기가 높은데, 시편 100편이 그렇고 시편 23편이 특히 그렇다. 그러나 위에서 살펴본 인용문에서 아우구스티누스가 제시한 그리스도 중심적 해석은 오랜 세월 가장 널리 받아들여진 해석인데, 이 해석을 버린 결과 비교적 최근 세대인 많은 신자들이 다른 시편들에 대해서는 거의 알지 못하며 또 그러한 시편들이 현대의 상황에 유의미한 면이 거의 없다고 여기게 되었다. 우리가 믿음의 선조들이 강조한, 그리스도 중심적 해석을 회복한다면, 시편에서 우리가 자주 놓치는 면을 되찾을 수 있을 것이다. 이러한 일이 일어나기 시작했다는 징조가 있다.

9장
개인 성경 읽기

앞에서 이미 확인했듯이 고대에는 성경 읽기를 주로 예배의 자리에서 공적으로 했지만, 자기가 소장한 성경을 개인적으로 또는 가족과 함께 읽는 사람들도 있었음을 기억하는 것이 중요하다. 상황을 고려할 때, 그러한 읽기를 문서로 입증하거나 연구하기는 훨씬 더 어렵다. 개인으로나 가정 내에서 함께 성경을 읽고 공부하기는 세 가지 주요한 이유로 인해 분명 한계가 있었다. 첫째는 이미 언급했듯이 문해력 수준이 낮았기 때문이다. 둘째는 필사본을 구하기 어려웠기 때문이다. 필사본을 손에 넣으려면 먼저 필사할 문서를 빌려야 하고 다음으로 새 필사본을 제작할 유능한 필경사를 구하거나 아니면 손수 필사할 능력이 있어야 했다. (어렵게나마 읽을 줄은 알아도 쓸 줄은 아예 모르는 사람들에 관한 기록이 있다. 글을 쓰려면 글자를 알 뿐 아니라 기록할 근력이 발달한 손재주가 필요하다.) 초기 그리스도인들이 가정 내에서 성경을 읽지 못한 셋째 이유는, 그리스도인 대부분이 이를테면 이방인 주인을 섬기는 노예나 이방인인 남편이나 아버지의 뜻을 따라야 하는 여자처럼 이방인 집안에서 힘이 별로 없는 식구였다는 점이다. 그런 상황에서는 가정 내에서 오늘날 우리가 생각하듯이 성경을 읽기가 매우 어려웠을 것이다.

이러한 여러 요인이 서로 얽혔으며, 각 요인이 다른 요인들을 강화했다. 읽을 수 있는 필사본이 충분하지 않으니 읽기를 배울 이유가 없었다. 필사본을 소지하는 것이 집안에 곤란한 문제를 일으킬 수 있다면-그 당시 집안에는 가장이 거느리는 친척과 노예, 나아가 '피후견인'(clients)ㅋ라고 불리는 자유민까지 포함되었다-아예 그런 필사본을 소지하지 않는 것이 상책이었다. 집안의 가부장이 이교 신앙을 신봉하는 경우, 기독교를 믿는 식구는 가부장이 용납하지 않는 글을 읽으려면 매우 조심해야 했다.

이처럼 어려운 처지에서도 최소한 성경의 일부나마 개인적으로 읽은 신자들 이야기를 우리는 알고 있다. 이와 관련해 가장 오래된 증거는 카이사레아의 에우세비우스가 『교회사』에서 사르디스의 멜리토의 저술을 언급하는 부분에서 볼 수 있다. 에우세비우스는 2세기 초에 멜리토가 오네시무스라는 사람에게 쓴 편지에서 다음과 같은 글을 인용한다.

멜리토가 오네시무스 형제에게 문안합니다. 형제께서는 하나님의 말씀에 대한 열의가 크셔서, 율법서와 예언서에서 구주 및 우리의 온전한 믿음에 관해 가르치는 내용을 간략하게 정리한 요약본이 필요하다고 자주 말씀하셨습니다. 또 구약이 몇 권이며 그 순서에 대해서도 정확한 설명이 필요하다고 말씀하셨습니다. 그래서 제가 그 과제를 해결하려 나름으로 애써 보았습니다. 형제의 뜨거운 신앙과 말씀에 관한 지식을 더하려는 열망을 잘 알기 때문이지요. 또 하나님을 향한 사랑으로 이런 일들을 소중히 여기면서, 영원한 구원을 얻고자 애쓰시는 것도 잘 알기 때문입니다.

에우세비우스의 『교회사』 4.26.13, *NPNF²* 1:206

이어서 멜리토는 구약 목록을 제시하는데, 그 목록에는 제2정경에 속하는 책도 일부 들어 있다. 이 인용문에서 훨씬 더 흥미로운 것은 멜리토가 언급하는 요약본 곧 발췌문이다. 멜리토는 이 단락의 끝에서 구약의 책들을 설명한 후 "나는 이 책들에서 발췌하여 그것을 6권으로 분류했습니다"(에우세비우스의 『교회사』 4.23.14; *NPNF²* 1:206에 인용)라고 덧붙인다. 안타깝게도 이 『요약본』(*Summaries*)은 멜리토가 쓴 글 대부분처럼 유실되었다.

『요약본』은 어떤 책이며 또 어떻게 사용되었을까? 초기 그리스도인들이 구약에서 예수를 가리키는 '증언들', 곧 성경 본문을 선별한 모음집을 사용했다는 데는 학자들 대부분이 동의한다. 지난 몇십 년 사이에 증거로 사용될 수 있는 많은 문서가 발견되어서 이 이론을 뒷받침했다(이 책 12장을 보라). 고대의 많은 학자가 동일한 구약 인용문을, 그것도 대체로 같은 순서로 이용했다는 사실이 이 이론의 주요 근거다. 그렇다면 멜리토의 요약문들이 사실 그런 증언들의 방대한 모음집이었을 수 있을까? 아니면 구약 전체의 요약이었을까? 알 길이 없다. 그리고 여기서 우리가 가장 큰 관심을 두는 문제는 오네시무스가 그것을 어떤 용도로 사용하려고 했느냐는 것이다. 오네시무스는 집에서 읽을 성서 요약문 몇 개를 얻는 데 관심을 둔 평신도였을 뿐인가? 그러한 경우라면 이 글은 그리스도인이 집에서 또는 개인적으로 성경을 읽었음을 증언하는 현존 최고(最古)

의 참고 문헌이다. 하지만 오네시무스가 교회의 사제나 주교였으며 히브리 성경 본문 전체를 소장하지 못했기 때문에 멜리토에게 성서의 주요 내용을 개괄한 요약본을 보내 달라고 요청했을 가능성도 있다. 다시 한번, 이 의문은 해결되지 않은 채로 두어야 한다.

일상에서 성서 읽기와 관련해 그 다음으로 우리가 알고 있는 언급은 멜리토보다 몇십 년 후에 활동한 알렉산드리아의 클레멘스의 글에 나온다. 클레멘스는 자기가 '참 지식인'(true gnostic)이라고 부른 어느 신앙심 깊은 신자에 대해 언급하면서 "그가 바치는 희생 제사는 식사 전의 기도와 찬양과 성경 읽기이며, 식사 중간과 잠자기 전의 시편 찬양과 찬송이며, 또 한밤중에 드리는 기도다"(『스트로마타』[Stromata] 7.7 ANF 2:357)라고 말한다. 클레멘스가 이 글에서 '참 지식인'이라고 여기는 사람들은 분명 평범한 신자가 아니었다. 클레멘스가 살던 알렉산드리아는 로마제국에서 두 번째로 큰 도시였다. 그러나 연구와 철학과 문학에 관해서는 분명 제일가는 도시였고 로마를 훌쩍 뛰어넘었다. 클레멘스는 그러한 대도시의 지적 엘리트 계층과 교제했으며, 기독교가 모든 철학 가운데 최고임을 그 엘리트 계층에게 입증하는 것도 자신의 책무로 여겼다. 따라서 클레멘스의 독자들은 상당한 수준으로 교육받았을 것이니, 클레멘스가 이들이 식사 전에 성경을 읽었다고 언급한다고 해서 그리스도인들 사이에 식사 전 성경 읽기가 보편적 관행이었다는 의미는 아니다.

클레멘스 이후 몇십 년이 지나 히폴리투스의 『사도 전승』(Apostolic Tradition)이 나왔다. 그 책에서 히폴리투스는 모든 사람이 교회의 가르침에 힘써 참여해야 한다고 주장하고 나서 이렇게 덧붙인다. "그러나 그런 가르침이 없는 날에는 각자 집에서 성경을 읽고 또 자기네 유익을 위해 필요한 것을 읽도록 하라"(4.36). 자기가 '참 지식인들'을 가르쳤다는 클레멘스의 주장과 마찬가지로 이 말도 참으로 놀라운데, 로마제국 내의 문해율 지수는 물론이고 평범한 그리스도인이 성경을 이용할 가능성에 관해서도 우리가 알고 있는 모든 상식과 상충하기 때문이다. 클레멘스의 경우와 마찬가지로 이러한 모순은 히폴리투스의 대상 독자가 누구인가 살펴보면 어느 정도 해명할 수 있다. 『사도 전승』의 나머지 부분에서는 이를테면 예비신자에게 무엇을 행해야 하는지, 세례는 어떻게 베푸는지, 어떤 사람이 교회의 지도자가 되는지, 교회 지도자의 역할 가운데 안수가 필요한 역할과 필요 없는 역할은 무엇인지 등 주로 교회를 치리하는 일을 다룬다. 그와 같은 사안에 관해 가르침을 받는 독자라면 평범한 그리스도인들보다는 문해율이 훨씬 높았을 가능성이 아주 높다. 게다가 히폴리투스는 로마에서 글을 썼는데, 로마에서는 제국의 나머지 지역 대부분보다 글을 읽고 쓸 줄 아는 사람이 더 흔했을 것이다.

어쨌든 그때 이후로 신자의 개인 읽기를 언급하는 문헌이 훨씬 많아졌다. 그 가운데는 성경에 관해 말하는 문헌도 있고, 가치가 큰 책이나 아니면 이단적인 까닭에 읽어서는 안 되는 책들에 관해 말하는 문헌도 있다. 오리게네스의 설교를 보면 성경 읽기를 계속 언급하는데, 물론 오리게네스가 개인적인 읽기를 말하는지 아니면 예배에서 공적인 읽기를 말하는지 분명하지 않을 때가 많기는 하다. 또 오리게네스가 성경 읽기의 필요성을 강조하지만 그 주장이 신자들 일반을 대상으로 하는지, 그 가운데 소수의 사람을 대상으로 하는지, 아니면 다른 사례에서처럼 예배 때 성경의 의미를 해설하는 사람들만 대상으로 하는지도 분명하지 않다.

콘스탄티누스와 그의 후계자들 대부분이 그리스도인이라고 자처하면서 교회를 지지하기 시작한 이후로 개인이 성경을 읽거나 읽지 않는 것에 대한 언급이 엄청나게 늘어난 것을 보게 된다. 380년쯤 나온 문서인 『사도헌장』(Apostolic Constitutions)에서는 육체노동에 매이지 않아 시간 여유가 있는 사람이라면 다른 신자들을 방문하든지 자유로운 시간을 활용해 성경을 읽고 묵상하고 배우는 일에 힘써야 한다고 권면한다. 아우구스티누스는 밀라노의 정원에서 경험한 회심을 이야기하면서, 정원 벤치에 바울 서신 책자가 있었는데 "집어 들고 읽어라" 하는 그 유명한 음성을 들었을 때 바로 그 책을 읽었다고 한다. 그러므로 아우구스티누스의 회심 경험의 중심에는, 더 나아가 신앙생활의 중심에는 개인 성경 읽기가 자리 잡고 있었다. 물론 보통은 소리 내어 읽었으며, 또 암브로시우스가 소리 내지 않고 속으로 글을 읽는 모습을 보고서 아우구스티누스가 놀랐다는 것도 염두에 두어야 하기는 한다. 크리소스토무스와 히에로니무스를 비롯해 많은 사람이 신자들에게 성경을 읽으라고, 경우에 따라서는 집에서 읽으라고 거듭거듭 권면했다.

콘스탄티누스가 박해를 끝내고 교회를 지지하면서 새 질서가 조성된 결과로 문해율이 의미심장하게 높아졌음을 보여주는 징표는 전혀 없다. 당시 소도시나 마을의 교회 수 증가는 분명 성서 낭독자와 성직자의 증가로 이어졌을 것이며, 따라서 공적으로 성경을 읽어야 하는 필요성 때문에 문해율이 미미하게나마 높아졌으리라고 충분히 짐작할 수 있다. 하지만 그런 현상이 반드시 개인 성서 읽기의 증가로 이어지지는 않았을 것이다. 다른 한편, 부유한 사람들 가운데는 성경 일부를 집에 소장한 사람도 있었다는 증거가 있다. 흥미로운 예로 성경 본문 일부가 담긴 소책자를 들 수 있다. 크리소스토무스가 복음서를 목에 걸고 다니는 여인들을 말할 때 바로 이러한 소책자를 언급하는 것으로 보인다. 하지만 그런 책자들이 개인 성서 읽기를 보여주는 징표로서 중요하다고 과장해서는 안 된다. 읽기 위해서가 아니라 부적 삼아 성경 본문을 몸에 소지하는 사람들이 있었기 때문이다. 아마도 이것은 고대 유대인들이 하나님이 명하신 대로 성구를 문간에 부착하거나 몸에 지니고 다니던 관습을 흉내낸 것으로 보인다. 학식이 뛰어났고 탁월한 설교가이던 요하네스 크리소스토무스는 거룩한 말씀이 단단히 지키고 있는 집에는 악마가 들어오지 못한다고 주장했는데 그 말의 배후에 이런 관행이 있는 듯하다. 하지만 사람들 대부분은 하나님 말씀을 그런 식으로 사용하는 것을 부끄럽게 여겼다. 크리소스토무스 시대보다 몇 년 앞선 360년에 라오디게아에서 열린 교회 회의에서는 성직자는 그러한 부적을 만들기를 삼가야 한다고 명했는데(법령 36), 이는 성직자는 아니라 해도 적어도 평신도들은 그러한 문서를 만들었음을 시사한다.

4-5세기에 상류층 사람들, 곧 교육 수준이 높은 사람들이 교회에 합류하기 시작하자 개인 성경 읽기가 더 보편화되었다. 그래도 보통 신자들 대부분은 집에서 읽을 수 있는 성경이 없었으며 교회에 가야 성경 낭독을 들을 수 있었다. 이 사실은 크리소스토무스가 그리스도인들이 성경에 대해 얼마나 무지한지 논평한 글에서 확인할 수 있다. 그 논평에서는 집에서 성경을 읽지 않는 사람뿐만 아니라 교회에서 낭독하는 성경에 귀를

기울이지 않거나 성경을 주석하고 설명하는 데 집중하지 않는 사람들에 대해 다음과 같이 언급한다.

여기 있는 여러분 가운데, 요청을 받으면 시편 한 편이라도, 아니면 성경의 어느 한 부분이라도 암송할 수 있는 사람이 누가 있는지 말해 보십시오. 한 사람도 없습니다.

그런데 이것 말고도 안타까운 일은, 여러분이 영적인 일에는 그토록 뒤처져 있으면서도 사탄에게 속한 일에서는 불보다 더 뜨겁다는 것입니다. 그래서 누군가가 여러분에게 악마의 노래나 불순하고 음습한 곡조를 청하기라도 하면, 많은 사람이 나서서 완벽하게 부르고 신나게 따라 부르는 모습이 펼쳐질 것입니다.

그러면 이러한 비난에 뭐라고 대답하겠습니까? 여러분은 "나는 수도사가 아니며, 내게는 아내와 자식이 있고 돌볼 가정도 있습니다"라고 말할 것입니다. 성경 읽기가 수도사보다는 여러분에게 훨씬 더 필요한데도 여러분은 그 일이 수도사에게만 해당한다고 생각하여 모든 일을 망쳐 놓았습니다. 사람은 세상에 살면서 날마다 상처받습니다. 그런 사람에게 가장 필요한 것은 치료약입니다. 그래서 성경을 읽지 않는 것보다 훨씬 더 나쁜 일은 성경 읽기가 '필요하지 않다'고 생각하는 것입니다. 이런 것은 악마가 꾸며낸 말이기 때문입니다.

『마태복음 설교』 2.9, *NPNF¹* 10:13

초기 교회의 성경

10장

성경과 교육

초기 교회에서 성경과 교육의 관계가 어떠했는지를 살펴볼 때 우선 염두에 두어야 할 사실은, 특히 알렉산드리아처럼 예외인 경우도 있으나 사실 그리스도인 대다수는 그리스어나 라틴어 고전 문헌을 기껏해야 쓸모 없다고, 심지어는 해롭다고까지 생각했다는 점이다. 고대의 위대한 철학자들의 저작, 그중에서도 특히 플라톤의 저작은 예외였다. 많은 이들이 플라톤을 교양 있는 이방인들에게 복음을 전할 수 있게 하는 다리로 여겼다. 하지만 호메로스와 아리스토파네스, 베르길리우스를 비롯한 고대의 탁월한 지식인들의 저술에는 그들이 활동하던 시대의 신화론과 신념이 깃들어 있으며, 그래서 초기 그리스도인들은 그런 저술을 연구하거나 뒷세대에게 가르쳐서는 안 된다고 믿었다. 고대의 우상숭배 신앙이라든가 교회가 용납할 수 없는 태도와 가치관과 행동을 배울 수 있기 때문이다. 따라서 젊은 세대의 교육을 맡은 사람들은 가르칠 때 그러한 이교의 작품을 채택하지 말고 성경과 성경의 이야기를 사용할 것을 계속 권고받았다.

다른 한편으로, 그리스·로마 문화 한복판에서 살면서 그 문화의 성과를 모른 체하기는 불가능했다. 그리스·로마 문화를 철저히 배척한 사람들의 사고와 세계관 속에서도 그 문화에서 받은 영향의 흔적이 발견된다. 아테네는 예루살렘과 상관이 없으며 아카데메이아는 교회와 전혀 무관하다는 주장으로 유명한 테르툴리아누스도 여러 면에서 스토아 철학자였다. 플라톤주의가 기독교 신학에 끼친 영향은 잘 알다시피 알렉산드리아 지역에서 가장 두드러졌으며, 나아가 올림푸스의 메토디우스처럼 플라톤주의를 배척한 사람들에게서도 분명하게 나타났다. 로마의 법률 개념과 법체제는 사회 윤리 문제뿐 아니라 삼위일체 해석에도 흔적을 남겼다. 호메로스와 그 외 그리스·로마 문학 정본(literary canon)을 이교도가 해석하던 방식을 본따서 풍유적 성경 해석이 나왔다. 암브로시우스와 아우구스티누스는 키케로의 문체를 모방했다. 오리게네스와 히에로니무스 같은 사람은 성경을 학문적으로 연구할 때 이교도가 오랫동안 문학 연구에 사용한 방법을 따랐다.

기독교가 이교 문학을 공식적으로 거부하자 다수의 이교도는 기독교 자체를 거부하는 것으로 응수했다. 이교도의 주장에 따르면 그리스도인들은 자기들이 믿지도 않는 신들의 이야기가 담긴 이교도 문학을 사용할 권리가 전혀 없었다. 전형적인 사례가 '배교자'라고 불리는 율리아누스황제인데, 세례를 받기는 했으나 실은 결코 그리스도인이 아니었으므로 '배교자'로 불리는 것이 적절하지는 않다. 율리아누스는 그리스도인들에게 그리스·로마의 고전 문헌을 가르치는 것을 금했던 옛 전통을 부활시키고자 했다.

지배 문화에 대한 이런 양면적 태도의 결과는, 그리스도인 대다수가 지식이 없고 그 가운데 많은 사람이 고전 교육을 이교의 도구라고 여겨 거부하는 형편에서도 상당수 교양있는 그리스도인은 수사학과 철학, 언어학, 해석학 같은 이교 학식을 배우고 그것을 주저하지 않고 성경 연구와 해석에 적용하는 현실로 나타났다. 정말이지 이에 대한 사례가 차고 넘치는데, 이러한 방식에 따라 일한 사람들이 현존하는 문헌 대부분을 저술했고 기독교 사상사 전반에 영향을 아주 크게 미친 인물이었기 때문이다. 고대의 인물로는 유스티누스, 오리게네스, 바실리우스, 히에로니무스, 아우구스티누스, 크리소스토무스가 바로 떠오른다.

만일 교육의 목적 가운데 하나가 학습자를 문화와 사회 질서의 테두리 안으로 편입시키는 것이라고 본다면, 적어도 4세기 말에 기독교가 지배 종교가 되기 전까지는 성경을 가르치는 목적이 사람들을 사회 속에서 제자리를 찾도록 돕는 것이 아니었다고 분명히 말할 수 있다. 그때 성경 교육의 목적은 학생들이 새로운 사회, 곧 하나님의 새 백성, 새 나라로 여겨진 교회에 속하도록 돕는 데 있었다. 4세기의 마지막 몇십 년과 5세기 초반에 이르러 성경은 더는 주변 사회 안에서 구별된 백성을 세우는 도구가 되지 못했으며 오히려 그 사회의 모든 구성원을 지도하고 가르쳐서 기독교적 정체성을 따라 새 가치관과 이야기들을 배우고 실천하고 본받아 살게 하는 방편이 되었다.

이 사실을 염두에 두고 이제 성경 자체를 가르치던 방법으로 넘어가 보자. 기독교는 성경을 진지하게 연구하는 전통과 기본 구절 암송을 중시하는 태도를 유대교에서 물려받았다. 다른 장에서 여러 차례 살펴보았듯이 몇 가지 이유로 신자들 대다수는 성경을 읽지 못했다. 게다가 그때는 주로 기록 문화가 아니라 구전 문화였고, 그런 문화에서 사람들은 어느 한 본문을 직접 읽기보다는 듣고 따라 하면서 배웠다.

그러한 형편에서 기독교 인구 대다수는 회중 모임에서 성경 낭독을 듣고 이어서 핵심 본문 몇 개를 따라서 외우거나 노래함으로써 성경의 내용을 배웠다. 이는 예배에서 특정 본문들을 거듭 사용해서 사람들이 해당 본문을 한 번도 읽지 않아도 배울 수 있게 했다는 뜻이다. 이러한 본문으로는 주기도 외에도 누가복음에 나오는 노래들, 특히 사가랴와 마리아와 시므온의 노래(전통적으로 라틴어 번역문의 첫 부분인 베네딕투스, 마니피카트, 눈크 디미티스라고들 알고 있다)가 사용되었다.

적어도 일부 교회에서는 예배 시간에 미리 온 사람들이 나머지 회중이 오기를 기다리는 동안 많은 분량의 성경 본문 낭독을 들을 수 있었다. 말씀 예전에서는 먼저 성경을 읽고 그 다음에 해설을 했다. 이것이 대다수 그리스도인들이 성경과 성경의 교훈을 배우는 주요 수단이었다.

어느 사람이 입교하기를 원하면 주교나 사제에게 알려서 예비신자 공식 명부에 이름을 올렸다. 예비신자는 정기적으로 모여서 신앙에 관해 배우고 성경을 공부했는데, 보통은 그 직무를 감당할 능력을 인정받아 임명된 평신도가 예비신자를 지도했을 것이다. 그 사람이 세례받을 준비가 되었다고 판단되기까지 이 과정은 대체로 2년이 걸렸고 때로는 3년이 걸리기도 했다. 세례식은 통상 성토요일과 부활주일 사이의 밤에 했다. 세례를 받은 새신자는 계속 말씀 예전에 참여하고 성경에 관해 더 배웠다. 분명 사람들은 구전 문화의 통례를 그대로 따르고 유대인의 관습에서 배운 것을 이어가는 중에, 성경 본문을 암기하고 그것을 개인이나 가족의 경건 생활에서 되새겼을 것이다.

뛰어난 기독교 교사들은 교육 대상의 요구와 처지에 적합하게 교육 내용을 조정할 줄 알았으며 또 필요한 경우에는 일반적인 반론이나 선입견에 대해 답을 제시하기도 했다. 니사의 그레고리우스는 『대 교리문답』(*Great Catechism*)의 첫 부분에서 다음과 같은 교육원리를 제시한다.

> 지도하는 성직자들은… 교육 체계를 갖출 필요가 있는데, 이는 불신자가 들고서 깨닫도록 믿음의 말씀을 가르침으로써, 그처럼 구원받아야 하는 사람들이 들어와 교회가 다시 채워지게 하기 위해서다. 동일한 교수법이 말씀에 다가가는 모든 사람의 처지에 맞을 수는 없다. 교리문답은 각 사람의 다양한 예배 형편에 맞추어 조정해야 한다. 그 교육 체계의 유일한 목표와 목적을 고려해야 하겠지만, 각각의 경우에 똑같은 교육 방식을 사용해서는 안 된다.
>
> 서론, *NPNF*² 5:473

아쉽게도, 여기서 우리가 다루는 관심사에서 볼 때, 그레고리우스 의 『대 교리문답』은 당시 삼위일체와 그리스도론 교리를 둘러싸고 벌어진 논쟁에서 정통 교리를 설명하고 옹호하는 일을 주로 다루었다. 그러한 까닭에 예루살렘의 키릴로스가 347년 무렵에 전한 『교리문답 강의』(*Catechetical Lectures*)가 우리에게는 더 유익하다. 게다가 그레고리우스 의 저작은 '지도를 담당할' 사람들을 대상으로 삼았기에 교수 이론을 많이 다루고, 또 신학 관련 내용도 대체로 예비신자가 배우는 내용보다 훨씬 더 광범위하게 말한다. 이와는 대조적으로 키릴로스의 강의에서는 가르치는 내용이 분명하게 보인다. 많은 교회에서 시행한 관례를 따라 예루살렘의 키릴로스도 부활주일 전까지 많은 시간을 할애하여 예비신자가 부활주일에 세례를 받도록 최종 준비를 시켰다. 그리고 나서 부활주일 후에도 며칠 동안 다섯 차례에 걸쳐 강의를 이어나갔다. 이 마무리 강의에서는 새신자들에게 그들이 받은 세례의 의미와 중요성, 이제 참여하게 된 성찬례의 의미와 중요성, 이 두 성례와 연관된 몇몇 상징적 행위의 의미와 중요성을 설명했다.

키릴로스는 세례를 받아 교회에 들어오려고 자기 강의에 참석한 사람들에게 여러 가지 동기가 있다는 것을 잘 알았다. 오늘날 사람들이 교회에 다니는 다양한 이유를 생각나게 하는 글에서 키릴로스는 이렇게 말한다.

> 여러분도 다른 동기로 여기에 왔을지 모르겠군요. 여자에게 잘 보이기를 원하는 남자라면 그러한 목적으로 여기 왔을 수 있습니다. 반대로 여자들에게도 똑같이 말할 수 있습니다. 좋은 자기 주인을 기쁘게 하고, 친구는 자기 벗을 기쁘게 하기를 원해서 왔겠지요. 그렇게 낚싯바늘에 걸려서 왔더라도 좋습니다. 여러분을 환영합니다. 여러분이 악한 목적으로 왔더라도 선한 소망으로 구원에 이르게 되기를 빕니다.
>
> 『교리문답에 앞서』(Procatechesis) 5, NPNF² 7:2

그래도 키릴로스는 강의를 듣는 사람들에게 계속해서 '하나님의 말씀', 곧 성경을 공부하고 묵상하라고 권면한다. 다시 밝혀 두지만 이 사실을 근거로 각 예비신자가 기록된 성경을 쉽게 이용할 수 있었다고 결론 내리지는 말아야 한다. 문해력은 여전히 낮았다. 키릴로스는 청중 가운데 일부가 성경을 직접 접할 수 있으리라고 생각하면서도 동시에 대다수는 교회의 말씀 예전에 참석해 성경 본문을 낭독하고 논하는 것을 듣고서야 성경을 배울 수 있음도 잘 알았다. 그래서 이 강의에서 키릴로스는 세례를 받고자 강의를 들으러 온 사람들에게 지극히 순수한 동기만 있는 것이 아님을 자기도 알고 있음을 보여주면서 이렇게 권면한다.

> 교리문답 과정에 적극 참여하고, 강의가 길어지더라도 긴장을 풀지 마십시오. 여러분은 지금 적대적인 권세와 싸울 갑주, 곧 이단과 유대인과 사마리아인과 이방인을 상대할 갑주를 받는 중입니다. 여러분에게는 적이 많습니다. 화살을 퍼부어야 할 적이 많으니 화살을 많이 마련하기 바랍니다. 또 그리스 사람들 넘어뜨리는 법, 이단자와 유대인과 사마리아 사람을 상대로 다투는 법을 배워야 합니다. 갑주가 준비되었고 **성령의 검이** 가장 잘 준비되었지만, 여러분도 오른팔을 아주 단호하게 뻗어야 합니다. 그래서 주님의 전투에 참여해 싸우고, 적의 권세를 물리치고, 불굴의 의지로 굳게 서서 이단의 모든 음모를 막아내야 합니다.
>
> 『교리문답에 앞서』 10, *NPNF*[2] 7:3

키릴로스의 강의 후 몇 년이 지나서 어느 익명의 저자 – 저자가 여럿

10장. 성경과 교육

일 가능성이 크다—가 『사도헌장』을 저술하였다. 그 글에서 우리는 그 헌장의 대상 독자들이 문자로 기록된 성경을 직접 읽을 수 있으며 또 성경을 매개로—성경으로 양육된다는 깊은 의미에서—교육받을 수 있는 능력이 있다고 암시하는 구절을 볼 수 있다. 다음과 같이 말한다.

> 이교도의 책을 철저히 멀리하라. 어찌하여 연약한 사람의 믿음을 무너뜨리는 이질적 담론이나 법이나 거짓 예언에 매달리는가? 하나님의 율법에서 어떤 결함을 발견했기에 이교도의 우화를 사용하는가? 역사를 알고 싶다면 열왕기서를 보고, 지혜나 시가 담긴 책을 원한다면 예언서와 욥기와 잠언을 보라. 그러한 책에서 어느 이교도 시인이나 궤변가가 가르치는 것보다도 더 놀랍고 깊이 있는 지혜를 발견할 것이다. 그 책들은 주님, 곧 유일하게 지혜로우신 하나님의 말씀이기 때문이다. 만일 노래를 부르고 싶다면 시편을 보고, 만물의 기원을 알고 싶다면 창세기를 보고, 법과 규칙을 알고 싶다면 주 하나님의 영광스러운 율법을 보라. 다시 말하지만, 기이하고 악마적인 책을 일절 멀리하라.
>
> 『사도헌장』 1.2.6, *ANF* 7:393

대략 비슷한 시기에 아니면 아마도 몇 년 후에 요하네스 크리소스토무스는 「어린이의 자만심과 교육」이라는 논문을 썼는데, 그 논문에서는 어린이의 양육을 책임진 사람들, 이를테면 부모와 가정교사, 하인들에게 어린이들의 타고난 호기심을 이용해 성경을 가르치라고 권고한다.

초기 교회의 성경

그러므로 아이들이 "그 청년은 하녀에게 키스했다. 왕의 아들과 어린 딸이 이런 일을 저질렀다"라는 식의 천박하고 미신 같은 이야기들을 듣지 못하게 하라. … 하지만 소년이 잠시 공부를 멈추고 쉴 때는, 옛날이야기로 영혼의 기쁨을 얻게 하고 아이를 지도하여 유치한 어리석음에서 끌어 내라. 그대는 철학자와 천국의 운동선수와 시민을 양육하는 중이기 때문이다. 아이에게 이러한 이야기를 들려주어라. "옛날 옛적에, 어떤 사람에게 두 아들이 있었지, 그러니까 둘은 바로 형제인 거야." 잠시 멈췄다가 이어서 말하라. "둘은 한 어머니에게서 난 자식으로, 하나는 큰아들, 다른 하나는 작은아들이었다. 큰아들은 땅을 경작했고 작은아들은 목자였단다."

그리고 그와 같은 이야기들이 아이의 영혼을 빚어가는 동안 아이 어머니가 곁에 앉아 한몫 거들게 하라.

38-39, M. L. W. 레이스너 번역, 『로마제국 말기의 기독교와 이교 문화』 (Ithaca, NY: Cornell University Press, 1951), 102-103에서 인용

계속해서 크리소스토무스는 어머니들에게 이러한 이야기들을 놓고서 자녀들과 토론하라고 권한다. 그렇게 어머니가 자녀에게 성서에 대한 흥미와 이해를 일깨워 주면 언젠가는 자녀가 스스로 그 이야기를 말할 것이고, 처음 그 이야기를 들려준 어머니를 본받으려고 할 것이다. 그러고 나면 아이는 그 이야기를 알고 있으니 자기 삶에 어떻게 적용할지 배울 수 있다.

마지막으로, 성경을 어떻게 가르쳐야 하는지를 논한 고대의 위대한 사상가 중에서 반드시 살펴보아야 하는 사람인 아우구스티누스는, 「무지

한 자의 교육에 관하여」라는 논문을 썼는데, 배울 기회가 별로 없던 사람들의 교육에 관한 글이다. 그 논문에서 아우구스티누스는 자기는 창세기에서 요한계시록까지 암기시키는 것을 성경을 가르치는 최상의 방법으로 여기는 사람들에게 동의하지 않는다고 분명히 밝힌다. 현실적인 면에서도 그렇게 할 시간이 충분하지 않으며, 또 어느 경우든 모든 사람이 성경을 외울 필요는 없다고 한다. 성경을 요약하고 핵심 이야기와 본문을 강조할 수 있는 방식으로 정리하는 것이 최선이다. 더 흥미롭고 과거에 사람들을 매혹시킨 본문에서 시작하는 것이 가장 좋다고도 주장한다. 그러한 구절들에 관해 늘 말해 온 것을 되풀이하는 방식이 아니라, 배우는 이가 그 구절들을 스스로 탐구하고 깨달음을 얻어 놀라워 하도록 이끌어 주는 방식이다. 이러한 식으로 하면 이러한 핵심 구절들을 새로 온 학습자들도 중요하게 받아들일 테고, 또 지나치게 세세한 내용 때문에 기억이 뒤섞이는 일도 없을 것이다.

요약하면, 분명 고대 교회에서는 성경을 가르치는 일에 지대한 관심을 쏟았으며, 성경을 가르치는 일은 주로 말씀 예전을 통해서 했고, 글로 기록된 문서를 이용할 수 있는 사람들에게는 시간을 할애하여 읽고 묵상하도록 권면했으며, 특히 예배에 참석해 성경 낭독과 해설을 듣는 사람들에게는 배운 내용과 그 내용을 삶에 적용하는 방법을 성찰하도록 권고했다.

성경을 가르치는 또 한 가지 중요한 수단은 미술이었다. 로마의 지하묘지와 아주 오래된 교회의 유적에서 성경의 이야기와 상징이 담긴 프레스코화 유물이 발견되었다. 예를 들어 두라 에우로포스에 있는 교회의 세례당에는 세례 때 물에 잠기는 사람들이 하나님의 양무리에 속하게 됨을 나타내는 것으로 보이는 선한 목자의 그림이 있다. 그 그림 아래에는 아담과 이브를 표현하는 그림이 있다. 그리고 그 방의 다른 부분에는 우물가의 사마리아 여인, 다윗과 골리앗, 중풍병 환자의 치유, 물 위를 걷는 예수와 베드로, 요나에 대한 묘사뿐 아니라 시간이 흐른 탓에 소재를 확인하기 어려울 정도로 상한 그림도 여러 점 있다. (두라 에우로포스의 세례당에 있는 그림 대부분은 물과 관련이 있어서, 그곳이 세례를 베푼 장소였음을 내비친다.) 이와 마찬가지로 로마의 지하 묘지에서도 신자들을 가르치고 그들에게 특정 성경 본문을 상기시키려는 목적으로 사용된 여러 그림, 이를테면 사도들과 함께 계신 예수, 선한 목자, 풀무불 속의 세 젊은이 등이 발견되었다. 지하 묘지뿐만 아니라 예배당에도 있는 그러한 그림에는 장식 용도에 더해 무엇보다도 그리스도인들을 그림 앞에 세워 성경에서 읽은 것을 떠올리게 하려는 의도가 담겨 있다.

이 책의 제목이 정한 시대의 경계를 훌쩍 벗어나긴 하겠지만, 이후의 발전에 대해서도 몇 마디 말하는 것이 적절하겠다. 교회가 개발한 교육 체계는 4세기 후반과 특히 5세기에 이르러 새로운 환경이 조성되면서 해체되기 시작했다. 끊임없는 박해 위험 속에서 지내던 교회가 4세기에 로마제국의 공식 종교가 되었다. 그 결과 수많은 사람이 세례를 받고 싶어하게 되었으며, 급속히 증가하는 예비신자를 가르치고 권면하는 데 필요한 훈련을 받은 신자는 부족했다. 그로 인해 세례 준비 기간이 대폭 단축되었다가 결국에는 사라지는 지경에 이르렀다. 이것으로는 충분하지 않기나 한듯이 특히 5세기에 들어와 외세의 침략이 여러 차례 로마제국의 서부를 휩쓸었다. 제국 서쪽 지역 인구 대부분이 결국은 기독교를 받아들였는데, 일부는 이미 아리우스파에 속한 그리스도인이었지만 나중에 니케아 신앙으로 돌아서게 된다. 하지만 그 지역 인구 대부분은 여전히 문맹이었던 데다, 당시 독립 왕국이나 반(半)독립 왕국을 다스리게 된 침략자들 대부분이 라틴어를 사용하지 않는다는 어려움까지 겹치게 되었다. 사실 라틴어는 그때까지도 로마제국 서쪽 지역에서 의사소통을 위한 공용어였다. 그러한 형편에서 그때까지 남아 있던 연구 중심지는 수도원뿐이었으며, 이들 수도원이 결국은 학문을 갱신하는 일에서, 구체적으로는 앞서 살펴본 대로 성경과 그 밖의 여러 필사본을 복제하고 전달하는 일에서 중요한 역할을 하게 되었다.

인구의 대부분이 문맹인데다 다양한 언어를 사용하는 형편이라 일반 대중에게 성경 지식을 전달하는 일에서 미술의 역할이 점차 커졌다. 예수의 탄생과 십자가와 부활을 글로 읽을 수 없던 사람들이 그 전체 이야기를 모자이크, 돌, 그림, 유리에서 볼 수 있었다. 얼마 지나지 않아 대중에게는 교회 건물 자체가 책이 되었다. 이 과정은 오랫동안 계속되었으며, 그래서 중세의 대성당들 앞에 서면 그곳이 성경 이야기뿐 아니라 많은 성자와 순교자들의 이야기와 전설들로도 장식된 것을 보게 된다. 오늘날 우리로서는 이러한 것들을 그 당시 사람들이 어떤 의미로 받아들였는지 파악하기가 어렵지만, 중세 사람들 대부분에게 그러한 건물들은 성경뿐 아니라 자기들이 속한 교회의 역사를 알려 주는 주요 수단이었다. 콘스탄티누스 시대 이전부터 교회의 특징으로 자리 잡았던, 성경에 관한 더 학문적 연구는 이제 주로 수도원 시설 ─ 남성과 여성 수도원 모두 ─ 에서 유지되었다. 그리고 그런 연구의 혜택은 소수의 사람에게만 돌아갔다.

그러한 상황이었으므로 수도원 시설은 물론이고 큰 도시에 있는 대성당에도 학교가 들어섰다. 수도원 학교는 주로 귀족 가문이 자기 자녀, 특히 아들을 수도원에 맡겨 교육시키면서 발전하였다. 대성당 학교는 특히 6세기 이후에 발전하였다. 이 두 유형의 학교는 규모가 커졌을 뿐 아니라 학교 수도 크게 늘어서 교회가 성경 연구뿐 아니라 각종 학습을 장려할 때 아주 유용한 수단이 되었다.

샤를마뉴대제와 그 후계자들이 다스리던 8세기 말과 9세기 초에 문자에 관한 연구가 잠시 부흥하였다. 그러나 거대한 지적 각성은 12세기와 13세기 초가 되어서야 비로소 일어나 대학교와 스콜라 신학의 형성으로 이어졌다. 대체로 대성당 학교와 수도원 학교를 결합하여 대학교를 세웠다. 신학을 공부하려는 사람은 여러 해 동안 3학(trivium, '세 가지 길' 곧 문법, 논리학, 수사학) 공부를 마친 후 4학(quadrivium, '네 가지 길' 곧 천문학, 수학, 기하학, 음악) 공부를 하는 순서로 신학 공부를 시작했다. 그렇게 공부하면 성서학 학사 학위를 제일 먼저 받는다. 그 다음으로 학사들은 몇 년을 들여 상급 연구 과정을 하고, 그 기간에 성서 문헌을 강의하기도 했다. 이 과정 다음에는 흔히 십 년의 연구 기간이 추가로 필요한 긴 교육 과정이 이어졌다.

이 모든 사실에서 볼 때, 흔히 중세를 가리켜 성서와 교리에 무지한 시대였다고 주장하는 견해가 사실이 아님을 알 수 있다. 중세는 공부한 사람과 그렇지 못한 사람 사이의 간극이 큰 시대였다. 공부한 사람들은 자신의 지식을 교양이 뒤떨어지는 사람들과 나누는 데도, 자신의 연구를 교회나 일반 대중의 실제 삶과 연관시키는 데도 관심이 별로 없었다. 공부하지 않은 사람들 사이에는 전설과 미신과 보편적인 무지가 그 시대의 운명처럼 자리잡았다.

인쇄기의 도움에 힘입어 종교개혁이 일어나자 상황이 크게 바뀌었다. 학문 갱신 운동에서 눈에 띄는 지도자는 필리프 멜란히톤으로, 비텐베르크 대학교에서 루터의 손아래 동료였으며, 교육에 각별한 관심을 기울였다. 멜란히톤이 윤곽을 잡은 교과 과정을 루터가 따르면서 1524년에 『독일 기독교 귀족에게 고함』이라는 서신을 썼다. 루터는 정부가 학교를 세우고 감독함으로써 공공 교육에 관여해야 한다고 주장했다. 루터는 남자 아이들뿐 아니라 여자아이들도 교육을 받을 수 있어야 한다고 주장했는데, 그렇게 주장하는 사람이 그 시대에는 거의 없었다. 어쨌든 당시 학교는 대체로 형편이 매우 열악했으며, 그래서 종교개혁은 교회는 물론이고 학교와 연구의 갱신에도 힘썼다. 멜란히톤의 보고에 따르면, 읽는 법조차 모르면서 학생들에게 사도신경과 십계명과 주기도문을 암기하라고 가르치기만 하는 교사들이 많았다. 츠빙글리와 칼뱅 같은 개혁자들도 교육에 대한 멜란히톤의 우려에 공감하였다. 이것이 마침내 공교육은 본질상 국가의 책임이라는 근대적인 신념으로 이어지는 큰 운동의 시발점이 되었다. 여기서 우리는, 그 시대의 인구 전체가 그리스도인이었으며 따라서 공교육을 교회가 주도하든 정부가 주도하든 교육 내용은 동일했으리라는 점을 기억해 두어야 한다.

이에 더해 대학교 울타리 안에서 학문 연구도 개혁되었으며 또 멜란히톤이 제안한 교육 과정이 곧바로 독일의 여러 대학교에 수용되었다는 사실도 확인할 수 있다. 멜란히톤은 구식 스콜라주의 방법을 배척했으며,

성경 원어를 배워야 하고 신학 교육 과정은 성경 연구, 그중에서도 특히 로마서 연구로 시작해야 한다고 주장했다.

학문상의 이러한 개혁은 두 가지 원천에서 자라났다. 우선 인문주의자들이 꽤 오랫동안 그러한 개혁을 주장해 왔다. 다른 한편 멜란히톤과 여러 종교개혁자들은 교육을 하나님에게 순종하는 행위 가운데 하나로 여겼다. 1552년에 멜란히톤은 다음과 같은 사실을 분명히 밝혔다. "하나님은 돌판에 십계명을 기록하셨으며, 예언자와 사도들의 책을 공부하라고 명령하셨다.… 이러한 책을 읽을 줄 알고 참된 교리를 배우는 사람들이 꼭 필요하다.… 성경을 바르게 해석하기 위해서는, 자신의 업무에 필요한 일뿐 아니라 사도들과 예언자들의 언어도 알아서 다른 사람들을 가르칠 수 있는 사람이 있어야 한다"(『메클렌부르크 학교들의 규칙』).

그때 이후로 지금까지 이 두 가지 동기 – 백성의 교육을 장려하는 일, 성경을 널리 알리는 과제 – 는 흔히 하나로 통합되어 왔는데 특히 '선교현장'이라고 부르는 영역에서 그랬다. 라틴 아메리카에는 1818년에 부에노스아이레스에 도착한 스코틀랜드 침례교 선교사 제임스 (디에고) 톰슨이 당시로서는 혁명적인 교육 방법(창안자 중 한 사람의 이름을 따서 랭커스터 방식이라고 불린다)을 도입하였다. 이 방식에서는 학생 각자가 다른 학생을 가르치는데, 기본 교재는 성경이었다. 톰슨은 라틴 아메리카에서 사역하면서 랭커스터 방식을 전파할 뿐만 아니라 영국 해외 성서선교회를 위해서도 일했다. 오늘날까지 교육과 성경의 연계가 이와 유사하게 이어지고 있는데, 그 이유는 20세기와 21세기에 사람들을 교육할 필요성 및 사람들이 성경을 읽을 줄 알아야 한다는 신념 덕분에 일어난 문맹퇴치운동에 수많은 신자가 참여했기 때문이다. 현대 그리스도인들이 이처럼 성경을 문해력과 학식을 키우는 일의 수단이자 목적이라고 보는 일에서 - 또 일반 교육을 성경 이해력을 촉진하는 수단이자 목적으로 삼는 일에서 - 우리는 이미 초기 기독교에서 교육에 힘쓰면서 구체화했던 성경과 교육 사이의 밀접한 연계성을 떠올리게 된다.

초기 교회의 성경

11장
성경과 사회 질서

성경은 사회 질서를 그 세밀한 차원까지 중요하게 다루고 계속해서 언급한다. 이스라엘 율법에서 많은 부분이 사회 질서와 직접 관련이 있다. 다양하고 많은 계명 가운데는 하나님의 백성을 어떻게 다스려야 하는가에 관한 율법뿐 아니라 가정의 질서와 (일반적으로 힘없는 사람을 지칭하는 범주들인) 가난한 사람, 과부, 고아, 나그네의 권리를 다루는 율법도 있다. 히브리 성경의 나머지 책들도 마찬가지인데, 예언자들은 계속해서 정의를 외치고, 힘없는 사람을 착취하는 자들에게 하나님의 진노를 선포하고, 인간 관계와 제도를 바로잡는 것을 뜻하는 보편적 번영의 새날을 선언한다. 이 모든 일이 시편과 잠언 같은 책에서도 자주 울려 퍼진다.

신약을 살펴보면서 우리는 그러한 관심사가 사라졌거나 아니면 별로 두드러지지 않는다고 생각하기 쉽다. 그렇지 않다. 예수께서는 제자들에게 "너희는 먼저 하나님의 나라와 하나님의 의를 구하여라"(마 6:33)라고 가르치셨다. 성경 전체의 증언에 비추어 볼 때, 여기서 말하는 의는 신자들 개인의 올바름뿐 아니라 하나님의 통치 또는 하늘에서 내려오는 새

도시라고 부를 수 있는 구별된 사회 질서도 가리킨다. 나라와 도시라는 은유가 모두 사회 질서를 가리킨다는 점에 주목할 필요가 있다. 또 신약 여러 곳에 사회 정의에 관한 말씀이 있으며 이스라엘 옛 예언자들의 외침 못지않게 선명하고 강력하다.

다른 한편, 신약은 독특한 사회 환경에서 기록되었는데, 그러한 특성을 신약이 사회의 질서에 관해 말하는 곳에서 볼 수 있다. 확실히 초기 그리스도인들은 주변 사회와 구별되는 사회 질서를 따라 살고자 애썼다. "뭇 민족들의 왕들은 백성들 위에 군림한다. 그리고 백성들에게 권세를 부리는 자들은 은인으로 행세한다. 그러나 너희는 그렇지 않다. 너희 가운데서 가장 큰 사람은 가장 어린 사람과 같이 되어야 하고, 또 다스리는 사람은 섬기는 사람과 같이 되어야 한다"(눅 22:25-26).

이들 초기 그리스도인들은 공동체 안에 구별된 질서를 세우려고 애썼지만, 모세와 다윗이 그랬듯이 전체 인구에게 적용되는 율법을 제시할 수는 없었다. 교회 안에서 선포하는 예언의 외침은 옛 예언자들의 외침과 같은 영향력을 주변 사회에 행사할 수 없었다. 초기 그리스도인들이 옛 예언자들처럼 기존 질서를 비판하면서 신랄한 말을 퍼붓더라도 그 외침은 대체로 통치자들에게 먹히지 않았으며, 통치자는 설령 들었더라도 하찮게 취급했다.

걸핏하면 박해를 당하던 상황에서도 그러한 박해를 핑계로 주변 사회 질서를 모른 체해야 한다고 생각한 사람은 초기 그리스도인들 중에 거의 없었다. 반면에 첫 3세기 동안 교회 생활을 기록한 여러 저작을 살펴보면 사회 질서를 지적하는 내용과 교회가 사회 질서와 어떻게 관계를 맺어야 하는지를 다룬 내용이 자주 보인다. 성경의 증언에 비추어 볼 때, 이들 고대 그리스도인들은 사회에 관한 관심을 최소한 네 가지 방식으로 표현했다.

첫째, 권력자들에게, 때로는 직접 황제에게 그리스도인에 대한 박해를 끝내라고 요구했으며, 나아가 정부를 향해서는 정의를 더 많이 실천하라고 외쳤다. 예를 들어 순교자 유스티누스는 티투스황제 앞에서 황제의 통치 아래 벌어지는 부도덕을 담대하게 지적했으며 황제 자신이 그러한 부도덕에서 이득을 얻고 있다고 힐난하였다.

> 우리로 말하자면, 갓 태어난 아이를 유기하는 일은 사악한 인간의 짓이라고 배웠습니다. 또 그렇게 배웠기에 다른 사람에게 해를 끼치거나 하나님에게 죄를 짓지 않으려고 노력합니다. 우리는 그런 식으로 버려진 아이들을 (여자아이뿐만 아니라 사내아이도) 거의 다 매춘을 목적으로 기른다는 사실을 압니다. 또 옛 사람들이 소나 염소, 양, 말을 사육했다고들 하듯이, 지금은 이렇게 수치스러운 일에 이용하기 위해 아이들을 사육하고 있습니다. 수많은 여자와 남녀양성자, 입에 담기도 어려운 추한 짓을 저지른 사람들이 이처럼 타락하여 온 세상을 가득 채우고 있습니다. 폐하께서는 통치하시는 세상에서 이런 사람들을 일소해야 하는데도 오히려 그들을 고용하는 것을 허용하고, 그들에게서 세금과 부과금을 거두고 있습니다.
>
> 『제1변증서』 27, ANF 1:172

또 초기에 활동한 여러 기독교 저술가들은 그리스도인을 적대시하는 불의하고 모순된 법을 제정해 실행하는 권력자들을 비난하였다. 유스티누스는 『제1변증서』의 시작 부분에서 이렇게 말한다.

> 여러분은 경건한 사람이요 철학자, 정의의 수호자, 학문의 애호가라고 불리니 제 말에 귀를 기울이고 경청해 주시기 바랍니다. 여러분이 진정 그러한 사람들이라는 것을 확실하게 보여주기 바랍니다. 우리는 이 글로 여러분에게 아첨하거나 말로 여러분을 기쁘게 하고자 온 것이 아니라, 여러분의 판단을 구하고자 왔습니다. 편견이나 미신에 빠진 사람들을 만족시키려는 생각에 휘둘리거나 비합리적인 충동이나 널리 퍼져 있는 악한 소문에 속아서 여러분 자신과 어긋나는 결정을 내리지 말고, 엄밀하고 정확하게 조사하여 판단하시기를 부탁합니다. 우리로 말하자면 악을 행한 자로 유죄 판결을 받거나 사악한 사람으로 입증되지 않는 한 어떤 악한 일도 당해서는 안 된다고 생각합니다. 그리고 여러분이 우리를 죽일 수 있을지 모르나 결코 꺾을 수는 없습니다.
>
> 2, *ANF* 1:163

그리스도인들이 사회 질서에 관한 관심을 표명하던 둘째 방법은, 그리스도인을 핍박하는 불의한 질서일지라도 그 질서를 하나님의 계획의 테두리 안에 놓고 성찰하는 것이었다. 그래서 어떤 이들은 로마 당국의 핍박으로 그리스도인들이 죽어 나가는 형편에서도 그 대단한 팍스 로마나(로마제국이 지중해 지역 전체에 세운 질서)를 기독교를 확장시키시는 하나님의 계획 중 일부라고 말하기 시작했다. 저명한 기독교 학자인 오리게네스는 3세기 중반에 기독교를 옹호하고자 저술한 논문『켈수스를 반박함』에서 팍스 로마나를 시편 72:7("그가 다스리는 동안, 정의가 꽃을 피우게 해주시고, 저 달이 다 닳도록 평화가 넘치게 해주십시오")에 나오는 약속의 성취라고 주장했다.

예수께서는 세상의 많은 족속을 단일한 군주제 아래 통합했던 아우구스투스 시대에 태어나신 것이 확실하다. 나라가 많았다면 예수의 가르침이 온 세상으로 퍼져나가는 데 방해가 되었을 것이다. 앞서 밝힌 것 말고도, 인간은 어디서나 전쟁을 벌이고 자기 조국을 위해 싸워야 하기 때문이다. 아우구스투스 시대 이전에도 그랬으며, 훨씬 더 거슬러 올라가서 펠로폰네소스 사람들과 아테네 사람들이 서로 맞서 전쟁을 벌이고 다른 나라들도 똑같이 행하던 때처럼 필요하면 전쟁이 일어났다. 그런데 원수에게조차 복수를 금하는 평화의 복음이 어떻게 해서 온 세상에 두루 퍼질 수 있었는가? 예수께서 강림하실 때 온유하신 성령께서 온 세상에 스며들어 만물의 운행을 지도하셨기 때문이다.

2.30, *ANF* 4:4

셋째, 초기 그리스도인들은 자기들 사이에 사랑과 정의의 새 질서를 세우고자 노력함으로써 사회에 대한 관심을 표명했다. 그리스도 안에는 종이나 자유인이 없다는 바울의 말이 교회 내부에서 이루려던 사회 질서의 지침이 되었다. 사도행전에 기록된 대로 모든 것을 공동으로 소유한 일이 극히 일시적인 관행이었을 뿐이라고 무시될 때가 많았으나, 고대의 기독교 저술가들에 따르면 그러한 관행이 최소한 2-3세기 동안 고대 교회의 이념으로 - 그리고 때로는 구체적인 현실로 - 이어졌다는 사실을 알 수 있다. 이런 면모는 1세기 끝무렵 몇 년 사이로 연대가 추정되는 디다케에서 확인할 수 있으며, 또 2세기 후반에 나온 소위 바나바 서신에서도 사실상 동일한 말로 다시 언급한다.

> 네 이웃과 모든 것을 함께 나누고, 물건들을 네 소유라고 주장하지 말라. 만일 너희가 썩지 않는 것들에 함께 참여하는 자라면, 썩을 것들에서는 얼마나 더 그래야 하겠느냐!… 있는 힘을 다해 네 영혼을 순결하게 지키라. 받는 일에는 네 손을 서둘러 뻗지 말고, 주는 일에는 손을 움츠리지 말라.
>
> 『바나바 서신』 19, ANF 1:148

이것은 교회 안에 부자들이 설 자리가 없었다는 뜻이 아니다. 부유한 사람들은 재산이 자기에게 허락된 것은 가난한 사람들을 위함이라고 보았다. 2세기 중반에 로마 주교의 형제였던 헤르마스는 로마 교회의 부유한 신자들에게 다음과 같이 말했다.

> 그러므로 있는 힘을 다해 밭이 아니라 곤경에 처한 영혼들을 사라. 과부와 고아들을 모른 체하지 말고 찾아가라. 주님에게 받은 모든 물건과 재화를 그러한 땅과 집을 사는 데 사용하라. 이런 일을 하라고 주님이 너를 부유하게 하셨으니 이러한 행실로 그분을 힘써 섬기라. 네가 가서 거주할 도시에서 이러한 땅과 재산과 집을 구매하는 편이 훨씬 더 낫다. 이것

이야말로 슬픔이나 두려움 없이 기쁨을 누리게 하는 숭고하고 거룩한 지출이다. 이방인의 지출을 따르지 말라. 그 일은 하나님의 종인 네게 해가 되기 때문이다. 네게 있는 것을 쓰고 그 일로 기뻐하며, 다른 사람의 것을 빼앗거나 건드리지 말고 탐내지도 말라. 다른 사람의 재산을 탐내는 것은 악한 짓인 까닭이다. 오히려 네 일에 힘쓰면, 구원에 이르게 되리라.

헤르마스의 목자, 비유 1, *ANF* 2:31-32

또 사회에는 여전히 주인과 노예가 공존하는 형편이었으나, 교회 안에서는 주인이 자기 노예를 형제자매로 받아들여야 했다. 이런 특성은 바울의 빌레몬서에서 확인할 수 있는데, 거기서 바울은 빌레몬에게 권고하기를, 도망간 노예 오네시모를 "종으로서가 아니라, 종 이상으로 곧 사랑받는 형제로"(몬 1:16) 받아들이라고 말한다. 이 서신은 빌레몬에게 보낸 요청이나 지시를 담고 있지만 골로새 교회 전체에게 보내는 서신이기도 하다. 바울이 이 편지의 수신자를 "우리의 사랑하는 동역자 빌레몬과 자매 압비아와 우리의 전우인 아킵보와 그대의 집에 모이는 교회"(몬 1:1-2)라고 지정하기 때문이다. 그러므로 그리스도인인 주인과 노예의 관계는 단순히 두 당사자의 문제로 끝나지 않는다. 이제 교회 전체가 나서서 주인과 노예가 형제가 되는 새로운 질서의 증인이 되어야 한다. 법을 따르자면 노예를 공식적으로 해방하는 일이 매우 어려웠지만 빌레몬은, 또 넓게는 모든 그리스도인 주인들은 자기 노예를 형제와 자매로 받아들여야 했다.

마지막이자 가장 중요한 것으로, 그리스도인들은 황제와 통치자들이 그리스도인을 박해할지라도 그들을 위해 기도함으로써 사회에 대한 관심을 표명했다. 이 기도는 통상적으로 성찬 예전의 시작 부분에 하는 '신자들의 기도'에 포함되었다. 이 기도는 예배 예식에 덧댄 한 가지 요소에 불과한 것이 아니라 사실상 교회가 자신을 이해하는 방식을 나타낸다. 신약에 따르면 교회는 "왕과 같은 제사장"이다. 새신자들은 누구나 세례를 받는 즉시 구약에서 말하는 왕과 제사장처럼 기름 부음을 받았다. 그렇게 기름 부음을 받아서 왕과 같은 제사장인 교회에 속하게 되었다. 그런데 이 교회의 임무 가운데 하나가 청원 기도를 통해 모든 인간을 하늘 보좌 앞으로 끌어 올리는 것이다. 신자들이 보기에 이 일은 참으로 중요했으며, 그래서 고대의 어떤 그리스도인 저자는 "영혼이 몸 안에 있듯이 그리스도인은 세상 속에 있다"(『디오그네투스에게』 6.1, ANF 1:27)라고도 말했다. 달리 말해 몸이 영혼 없이는 살 수 없듯이 이 세상이 계속 존재할 수 있게 하는 것은 바로 교회, 곧 제사장된 백성이다.

이 모든 상황이 4세기에 콘스탄티누스와 그의 후계자들이 교회를 옹호하면서 완전히 변했다. 그때까지 박해받는 종교였던 기독교가 반세기가 조금 넘는 사이에 로마제국 내에서, 유대교를 제외하고는 실질적으로 인정받는 유일한 신앙이 되었다. 이렇게 새로운 상황이 조성된 처음 두 세기 동안에, 그리스도인들이 선포하고 실천해 온 사회 질서가 로마제국의 정치·경제·사회 현실에 적응하는 과정을 밟게 되었다. 그 과정에는 옛 예언자들에게 영감을 받아 가난한 사람들에 대한 정의를 외치고 노예제와 같은 관습을 비판한 영웅적 인물들이 있었다. 어떤 사람들은 검투사 싸움에 이의를 제기했으며 그러한 싸움이 폐지되는 것을 보려고 목숨까지 걸었다. 어떤 사람들은 황제와 그 대리인들에게 당당히 맞서서 그들의 잔혹성을 규탄하였다. 그 가운데 많은 사람, 예를 들어 아타나시우스, 대바실리우스, 나지안주스의 그레고리우스, 암브로시우스, 히에로니무스, 요하네스 크리소스토무스와 그 외에 많은 사람이 마침내 교회 안에서 유명한 성인이 되었다. 그러나 그들의 삶과 사역에 담긴 이러한 면모는 교회가 점차 로마제국의 기성 사회 질서를 수용함에 따라 잊히게 되었다.

그 시대를 돌아보면서 두 가지 중요한 사항을 기억할 필요가 있다. 우선, 사회 질서와 관련된 많은 법이 성경적 원리에서 영감을 받아 제정되었다. 가장 잘 알려진 사례 가운데 하나가 고대 안식일 율법의 영감을 받아 노동자들에게 일정한 휴식을 제공하는 법이 제정된 일인데, 이것이 현재의 일요일에 적용되었다. 다른 사례로는 고리대금업을 금지하는 일련의 법을 들 수 있다.

다음으로, 사회 질서를 철저히 재정립하는 사명이 처음에는 모든 신자에게 맡겨진 일이었으나 이제는 남녀 수도자들의 책임으로 바뀌면서 일반 신자들은 그 일에서 손을 떼거나 최소한 큰 부담을 지지 않게 되었다. 사실상 수사와 수녀들이 그 모든 일을 담당하는 유일한 사람들이었다. 마찬가지로 인류 전체를 위해 기도하는 과업도 처음에는 신자들이 기도 중에 표현했는데 이제는 수도원과 수녀원의 특별한 과업으로 바뀌었으며, 수도원과 수녀원에서 세상의 평화를 위해 기도하는 동안 나머지 그리스도인들은 자신들의 일상 업무에 힘썼다. 한마디로 말해 수도원의 삶이 제자도에서 윗자리를 차지하면서 수도원에 속한 사람들이 성경적 원리를 따라 사회 질서의 구현에 헌신하게 되었으며, 이에 반해 일반 신자들은 그 책임에서 크게 벗어나게 되었다.

중세 내내 이와 비슷한 일이 일어났다. 국가의 권위와 교회의 권위 사이에서 충돌이 빈번했지만, 그러한 충돌은 대체로 사회 질서 내의 정의 문제보다는 사법권과 권위 문제와 관계가 있었다. 사회 질서 문제에서 교회는 대체로 성도덕 문제에만 개입하는 쪽으로 역할을 한정했다. 또 봉건 영주들 간에 계속된 전쟁의 폐해를 '하나님의 평화'와 '하나님의 휴전' - 전쟁이 허용되는 시기와 장소를 한정하고 다양한 계층의 사람들이 전쟁에 참여하지 못하게 규제하는 교회의 선언들 - 을 내세워 막아 보려는 노력도 있었다. 그러한 법 제정을 뒷받침하는 근거로 성행위, 전쟁과 평화, 주간 휴식, 고리대금 등과 관련된 성경 구절이나 원리를 인용하였다. 중세 시대 내내 수도원과 수녀원과 성당 참사회에서 끊임없이 성경을 읽고 연구하기는 했지만, 좀 더 의로운 사회 질서를 세우려는 의미 있는 시도로 이어지지는 못했다. 그 결과로 교회와 사회 양쪽에 고도로 계급화된 사회 질서가 형성되었다. 이 일은 한편으로 익명의 저자인 위(僞) 디오니시우스의 저술을 근거로 정당화되었는데, 그가 바울의 제자라고 주장한 탓에 그의 주장이 근거가 없는 것으로 입증될 때까지 그의 저술은 상당한 권위를 인정받았다.

16세기의 종교개혁은 이러한 문제들에서 커다란 변화를 일으켰다. 물론 나라나 신학 전통에 따라 그 변화의 모습이 다르기는 했다. 매우 중요한 예외가 있기는 하나 전체적으로 보아 로마 가톨릭, 루터교, 성공회를 믿는 나라들에서는 사회 변화를 꾀하는 이렇다 할 시도조차 이루어지지 않을 만큼 교회가 국가에 철저히 종속되었다. 재세례파 교인들 가운데

초기 교회의 성경

는 다수가 남다른 사회 질서에 대한 비전을 지녔으나 많은 사람에게 공격과 박해를 받아 사회 전반에 대한 영향력 행사가 막히고 말았다.

성경을 토대로 삼아 새로운 사회 정치 질서를 세우기 위해 가장 애쓴 신학 전통은 개혁주의, 곧 츠빙글리와 칼뱅의 견해를 대변하는 전통이었다. 루터교와 개혁파는 성경을 해석하는 방식이 서로 크게 달랐으며, 따라서 사회 질서에 관한 태도도 마찬가지였다. 루터와 의견을 달리하는 칼뱅은 율법에는 우리에게 죄를 깨닫게 하여 회개로 이끄는 일과 악을 억제하는 용도 외에 '제3의 용도'가 있으니, 곧 신자들의 개인 생활뿐만 아니라 사회·정치·경제 활동을 지도하는 것이라고 주장하였다. 하나님의 이러한 율법은 인간의 모든 법이나 질서보다 위에 있어야 마땅하다. 그리 중요해 보이지 않는 이러한 차이점이, 별개의 길을 걸었던 다른 유럽 지역과는 달리 개혁주의 전통이 깊이 뿌리내린 나라들 - 네덜란드, 스코틀랜드, 그리고 청교도의 영향을 받은 잉글랜드 - 에서 하나님 율법에 합치하는 사회 질서를 세우려는 혁명적 운동이 빠르게 퍼져나간 현상을 이해할 수 있게 해주는 주요 요인 가운데 하나다.

주목할 만한 예외가 있기는 하나 이런 운동들이 대체로, 고대 교회에서 사회·경제적 질서와 성경에 복종하는 일의 연관성을 강조했던 사실은 제쳐둔 채, 교리상의 일탈(우상숭배와 '교황주의' 등)이나 개인적인 부도덕(방탕과 음행 등)의 문제에만 집중하였다는 사실을 기억할 필요가 있다.

3부

성경의 해석

12장
해석의 모델

예수와 마찬가지로 첫 그리스도인들은 모두 유대인이었다. 기독교 출현 훨씬 이전에 이미 이스라엘 백성에게는 신성하게 여기는 고대의 책들이 있었다. 우선 다섯 권짜리 율법서, 곧 토라가 있는데, 오늘날에는 이들 책을 대체로 '모세의 다섯 책', 곧 '모세오경'이라고 부른다. 거기에 '예언서'가 추가되고, 시편, 잠언 등 흔히 '성문서'라고 알려진 책이 추가되었다. 그때까지는 히브리 정경의 범위가 확정되지 않았지만 머지않아 확정되었으며, 어쨌든 정경의 기본 구성 요소인 율법서와 예언서와 적어도 성문서 일부는 이미 결정되었다.

또 기독교가 등장하기 훨씬 전부터 유대인들은 자기네 성서를 해석해 오고 있었다. 이 일은 성경을 연구한 랍비들의 문헌뿐 아니라 성경 자체에서도 볼 수 있으며, 성경에는 저자들이 새로운 상황에 도전을 받을 때 앞서 나온 책들을 새롭게 해석하는 내용이 있다. 포로기와 거룩한 땅으로 귀환하던 시기에 글을 쓴 사람들은 그 시대에 발생한 일에 비추어 이집트에서 탈출한 이야기 전체를 해석하였다. 사례가 많지만 특히 이사야서에서 이러한 면모를 분명하게 볼 수 있다.

> 내가 바다 가운데 길을 내고,
>
> 거센 물결 위에 통로를 냈다.
>
> 내가 병거와 말과 병력과 용사들을
>
> 모두 이끌어 내어 쓰러뜨려서,
>
> 다시는 일어나지 못하게 하고,
>
> 그들을 마치 꺼져 가는 등잔 심지같이 꺼버렸다.
>
> 나 주가 말한다.
>
> …
>
> 내가 이제 새 일을 하려고 한다.
>
> 이 일이 이미 드러나고 있는데,
>
> 너희가 그것을 알지 못하겠느냐.
>
> 내가 광야에 길을 내겠으며,
>
> 사막에 강을 내겠다.
>
> 이사야 43:16-17, 19

훗날 시리아에 들어선 헬라계 정부의 억압에 직면하자, 다른 히브리 저자들은 이집트에서 해방된 일과 바벨론 포로 생활의 역사를 자신들이 처한 상황을 이해하는 열쇠로 보았다. 마카베오상을 보면 유다 마카베오 는 절망으로 곤두박질할 수도 있던 상황에서 부하들에게 힘주어 말한다.

적군의 수효를 두려워 말고 그들의 공격을 무서워하지 말아라. 파라오가
군대를 몰고 우리 조상들을 추격했을 때 우리 조상들이 홍해에서 어떻게
구출되었던가를 생각해 보아라. 이제 우리는 하늘에 호소하자. 그러면 하
늘은 우리를 불쌍히 여기실 것이고 우리들과 맺은 계약을 상기하실 것이
며, 우리 앞에 있는 저 적군을 오늘 무찔러 주실 것이다. 이제 모든 이방
인들이 이스라엘을 구원하시고 살려주시는 분이 계시다는 것을 알게 될
것이다.

마카베오상 4:8-11

간단히 말해, 히브리 성경의 책들은 다른 책과 본문들을 해석해서 그
해석을 히브리 사람들이 살았던 다양한 환경에다 계속해서 적용한다.

초기 그리스도인들도 유사한 방식을 따랐다. 이스라엘 백성의 거룩한
책들의 권위를 인정하면서, 이제는 그 책들을 다른 관점에서 이해하였다.
이스라엘이 이집트의 굴레에서 해방된 역사가 이제는 예수 그리스도를
통해 죄와 죽음의 굴레에서 해방된 일의 예고가 되었다. 요컨대 구약에서
나중 책들이 이전 책들을 재해석하듯이 신약의 많은 책은 이스라엘의 성
경을 재해석한다.

하지만 모든 일이 그렇게 쉽지만은 않았다. 대다수 유대인은 그와 같
은 기독교식 해석을 인정하지 않았다. 그래서 그리스도인과 유대인 사이
에 히브리 성경 해석 문제를 두고 격론이 일어났다. 초기 교회가 직면한
주요 난제 가운데 하나가 이스라엘의 신앙과 그리스도인의 신앙의 관계
문제였다. 유대인들은 대체로 그리스도인들이 예수에 관해 믿는 내용을

12장. 해석의 모델

인정하지 않았으며 그래서 기독교를 이스라엘 안에서 생겨난 이단으로 보았다. 이 사실을 일찍이 사도행전에서 확인할 수 있다. 사도행전에서 베드로와 요한, 나중에 스데반은 산헤드린(유대인의 의회) 앞에 끌려갔을 때 예수의 죽음과 부활을 이스라엘의 성경에 나오는 약속의 성취로 주장한다. 결국 이스라엘 지도자들은 베드로와 요한을 채찍질했고, 후에 스데반에게는 돌을 던졌다.

예수가 이스라엘이 받은 약속의 성취라고 확신했던 초기 그리스도인들은 그에 더해 자신들이 이스라엘 성서의 계승자라고 생각했다. 그들이 이해한 바에 따르면, 예수는 이스라엘에게 약속된 메시아였으며 따라서 성서가 가리키는 초점은 예수였다. 그래서 기독교는 처음부터 이스라엘의 성서를 재해석할 수밖에 없었으며, 그러한 해석은 유대인 다수의 반발을 불러왔다. 유대인은 예수를 그리스도 곧 메시아라고 주장하는 그리스도인의 해석을 용납할 수 없었다. 사도행전에서도 이 점을 확인할 수 있다. 거기서 베드로는 오순절에 일어난 일이 요엘의 예언이 성취된 것이라고 선언한다. 나중에 산헤드린이 다리 저는 사람을 무슨 권위로 고쳐 주었느냐고 묻자 베드로는 예수가 시편에 나오는 예언의 성취라고 주장하며 답한다.

여러분 모두와 모든 이스라엘 백성은 이것을 알아야 합니다. 이 사람이 성한 몸으로 여러분 앞에 서게 된 것은, 여러분이 십자가에 못 박아 죽였으나 하나님이 죽은 사람들 가운데서 살리신 나사렛 예수 그리스도의 이름을 힘입어서 된 것입니다. 이 예수는 "너희들 집 짓는 사람들에게는 버림받은 돌이지만, 집 모퉁이의 머릿돌이 되신 분"입니다.

사도행전 4:10-11, 시편 118:22 참고

사도행전 뒷부분에서는 바울이 비시디아 안디옥에서 선교 사역을 시작하면서, 하나님이 이스라엘 백성을 "권능의 팔로"(행 13:17) 이집트 땅에서 인도해 내실 때 행하신 강력한 행동을 언급한다. 베드로는 계속해서 예루살렘의 지도자들이 예수도 알지 못하고, "안식일마다 읽는 예언자들의 말도 깨닫지 못해서, 그를 정죄함으로써 예언자들의 말을 그대로 이루었다"(행 13:27)고 주장한다. 한마디로 예수가 바로 옛 예언들의 성취라는 것이다.

그리스도인들과 예수를 인정하지 않는 유대인들 사이에 일어난 이러한 논쟁은 유대인의 성서에 기록된 하나님의 말씀과 예수의 관계를 중심으로 계속 이어졌다. 2세기에 나온 여러 저술, 그중에서도 특히 유스티누스의 『트리포와의 대화』에서 이러한 논쟁을 볼 수 있다. 그 글은 상당히 긴 대화록으로 유스티누스가 트리포라는 유대인과 벌인 논쟁 내용을 담고 있다. 그러한 대화가 실제로 있었을 수도 있고, 아니면 유스티누스가 그리스도인과 유대인 사이에서 벌어진 논쟁을 겪고서 그것을 바탕으로 구상한 문학 작품일 수도 있다. 어쨌든 이 대화록을 보면 대화를 나눈 두 인물이 이스라엘의 성서를 해석하는 방식이 아주 다르다. 유스티누스는 성경의 예언들이 그리스도 예수 안에서 성취되었다고 말하지만 트리포는 그 주장을 절대로 인정하지 못한다. 유스티누스는 이스라엘 역사전체가 예수를 선포한다고 보았다. 이 특별한 일화에서, 두 사람이 대화를 끝내고서 비교적 다정하게 헤어지는데 트리포와 일행이 배를 타려고 준비할 때 유스티누스가 마지막으로 다음과 같이 말한다. "친애하는 여러분도 이처럼 모든 사람에게 허락된 지성을 따라 우리와 동일한 의견을 지녀 예수가 하나님의 그리스도이심을 믿게 된다면 그보다 더 좋은 일은 없을 것입니다"(146.3, *ANF* 1:270).

이처럼 친밀한 대화는 웬만한 영역이나 진영에서는 흔히 볼 수 있는 일이 아니었다. 1세기 후반에 들어와 예수 그리스도를 영접한 사람들과 전통을 강조하는 유대인들 사이에 틈이 더욱 벌어지면서 논쟁이 격화되었다. 1세기 말의 몇 년 사이에, 곧 유스티누스의 대화록이 나오기 50년쯤 전에 그리스도인들은 가말리엘 2세에 의해 회당에서 공식적으로 쫓겨났다. 성전이 무너진 후 산헤드린은 가말리엘의 지도하에 얌니아에서 모였다. 히브리 정경이 최종 확정된 곳이 바로 얌니아다. 가말리엘의 포고령은 성전이 파괴된 후 이스라엘 사람을 하나로 묶고 그들의 신앙을 회복하려는 노력의 일환이었을 것이다. 당시 유대교와 기독교 모두 이방인 신자들을 얻고자 서로 경쟁했다는 사실을 기억하는 것이 중요하다. 기독교가 로마제국의 유력 종교로 부상하고 다른 종교 중에서 이렇다 할 만한 신자 수를 거느린 종교는 유대교뿐인 상황에서, 저명한 기독교 설교자들 일부는 유대교의 신뢰성을 무너뜨고자 애쓰면서 유대인들은 '하나님을 살해한 자들'이라고 주장하기까지 했으며, 그리스도인들을 선동해 유대인에게 폭력을 행사하게 했다. 기독교 역사의 이 슬픈 사건은 쉽게 잊히고 그래서 반복되었다.

자칭 그리스도를 따른다는 사람들 사이에서도 논쟁이 벌어졌다. 그리스도인의 대다수는 이스라엘 성서의 권위를 인정했다. 이런 태도는 교회 구성원이 대체로 유대인이었던 시기가 끝나고 점차 이방인으로 채워지는 중에도 유지되었다. 하나님의 백성이 이스라엘이든 교회든 히브리 성경은 하나님의 백성을 위한 하나님의 말씀이다. 그런데 일부 그리스도인들은 히브리 성경을 철저히 거부하면서 그 성경은 기독교 신앙과 아무런 관계가 없으며 예수의 메시지는 이스라엘 신앙과 완전히 다르다고 주장했다. 그 가운데 가장 유명한 인물이 2세기에 살았던 마르키온이다.

간단히 말해 마르키온과 그의 추종자들은 이스라엘 성서에 대한 해석을 놓고 유대인과 다툰 것이 아니라, 그 성서가 신적인 계시라고 해도 거기서 말하는 신은 예수 그리스도의 아버지와 동일한 분이 아니라 다소 열등한 존재라고 주장하면서 이스라엘 성서를 제쳐놓기로 하였다. 그들의 주장에 따르면 이스라엘의 신은 물질세계의 창조자이자 지배자인 반면에, 참으로 지고하신 하나님 곧 그리스도인들이 예배하는 하나님은 인간의 몸을 포함하여 물질계와 모든 물질적 실재를 초월한다. 그 두 신 가운데서 하나는 공정하여 징벌을 요구하는 데 반해, 그 신보다 훨씬 고귀한 다른 신은 은총으로 죄를 용서하는 사랑의 하나님이다. 한쪽 신은 물질세계를 창조했고, 다른 신은 순전히 영적인 실재를 주권자로서 다스린다. 한 신은 희생제물을 바치기를 바라고 사람들에게 다른 누구도 섬기지 말 것을 요구하지만, 다른 신은 현재 몸과 땅이라는 물질에 갇힌 모든 영혼이 포로됨에서 벗어나 자기와 함께 기뻐하기를 바란다.

당연하게도 이 두 가지 해석 사이의 불일치는 이스라엘 성서의 권위라는 문제를 훌쩍 뛰어넘어 큰 문제를 낳았다. 그리스도인이 볼 때 교회의 신앙은 이스라엘의 신앙의 정점에 해당하며 기독교의 하나님은 이스라엘의 하나님과 같은 분이었다. 반면 마르키온과 그의 견해를 추종하는 사람들에게 기독교의 하나님과 이스라엘의 하나님은 완전히 다른 존재였다. 이런 생각이 예수를 이해하는 방식에 엄청난 차이를 낳았다. 신자들 대부분은 예수가 마리아에게서 태어났으며 다른 인간과 마찬가지로 물질적인 몸을 지녔다고 주장한 데 반해, 마르키온 추종자들은 이 모든 것을 부정하면서 예수를 단지 인간처럼 보일 뿐인 순전히 영적 존재로 바꾸어 버렸다. 이것이 (어떤 것처럼) '보이다' 또는 '나타나다'를 뜻하는 그리스어를 따라 '가현설'(Docetism)이라 불리게 된 견해다.

따라서 그리스도인들은 한 편으로 전통적인 유대인에 맞서고 다른 편으로는 마르키온과 그의 추종자들(그리고 기독교 영지주의자들)에 맞서서, 이스라엘의 하나님과 자기들이 믿는 하나님의 연속성을 주장하고 나아가 예수와 기독교의 신앙이 이스라엘의 신앙을 정당하게 계승한 것이요 그 정점에 이른 것이며 이스라엘의 성서를 성취한 것이라고 주장해야 했다.

이 일은 쉽지 않았는데, 히브리 성경은 다양한 장르를 포함하고 또 서로 다른 정치 사회적 환경에서 기록된 다양한 책들로 이루어진 복잡한 모음집이기 때문이다. 이렇게 다양한 본문들 가운데서 가장 쉽게 예수에게 적용할 수 있는 본문은 예언으로 읽을 수 있는 구절들이었는데, 이 경우 예언을 하나님이 주신 메시지의 설교나 선포가 아니라 미래에 일어날 일에 대한 고지를 뜻한다.

예언을 그렇게 이용한 사례가 우리에게 있는 가장 오래된 기독교 문

초기 교회의 성경

헌, 곧 오늘날 신약이라고 부르는 문헌에 이미 등장한다. 신약에서는 히브리 성경의 여러 구절을 예수에 관한 고지로 이해하고서 빈번하게 언급한다. 아주 유명한 것 가운데 하나가 이사야 53장에 나오는 구절인데, 사도행전에서 빌립이 에티오피아 내시에게 이 구절을 예수의 오심과 고난을 고지하는 말씀으로 해석해 주었다(행 8:32-35). 그에 더해 복음서들, 그중에서도 특히 마태복음을 보면 고대의 예언들이 바로 예수의 삶을 결정짓는다는 생각이 자주 보인다. 예를 들어 마태는 예수의 출생을 언급하면서 "이 모든 일이 일어난 것은, 주님께서 예언자를 시켜서 이르시기를, '보아라, 동정녀가 잉태하여 아들을 낳을 것이니, 그의 이름을 임마누엘이라고 할 것이다' 하신 말씀을 이루려고 하신 것이다"(마 1:22-23)라고 말한다. 또 예수가 가족과 함께 이집트로 피신한 일도 호세아의 예언이 성취된 것일 수 있다(마 2:15).

그러므로 고대 기독교의 히브리 성경 해석은 대부분 유대인이 완전한 권위를 인정하는 성서에서 예수의 오심이나 그분의 삶과 사역의 다양한 면모를 예시하는 것으로 볼 수 있는 본문이나 구절을 찾는 것이었다. 어떤 사람들은 구약에서 예수에 관한 예언으로 볼 수 있고 그래서 그리스도인이 유대인들과 논쟁할 때 특히 유용하게 사용할 수 있는 본문들을 찾아서 목록을 작성한 듯하며, 그러한 목록을 흔히 '증거의 책들'이라고 부른다. 그러한 목록이 기록물로 존재했고 실제로 그리스도인들 사이에서 문서로 회람되었는지는 확실하지 않다. 학자들에 따라서 그러한 문서가 존재했다고 주장하기도 하고, 증거 목록은 주로 구전으로 신자들 사이에 유포되었다고 보기도 한다. 동일한 예언 본문이 고대 기독교 문헌에 빈번하게 그리고 같은 순서로 등장하는 경우가 많은데, 이 사실은 예수에 관한 예언으로 볼 수 있는 구약 본문들을 모은 문서나 구전 전승이 존재했다는 것을 말해 준다.

하지만 히브리 성경에는 그러한 구절이 비율상 아주 적으며, 게다가 예언뿐 아니라 율법과 이야기, 그 외 여러 문학 장르도 들어 있다. 일찍이 그리스도인들은 율법에서 도덕적이고 사회적인 태도를 규정하는 율법을 기능이 다른 율법, 특히 예배와 희생제사, 제의적 순결, 기타 유사한 문제들을 다루는 율법과 구분하기 시작했다. 에베소서는 이방인과 이스라엘 자손이 하나가 되었다고 주장하면서 예수가 "여러 가지 조문으로 된 계명의 율법을 폐하셨습니다. 그분은 이 둘을 자기 안에서 하나의 새 사람으로 만들어서 평화를 이루"셨다(엡 2:15)고 선언한다. 이 구절은 분명 율법 전체를 가리키는 것이 아닌데, 도덕 질서에 관한 계명들은 여전히 효력을 발휘하였기 때문이다.

이렇게 구분하는 과정은 간단하지 않았는데, 특히 도덕 율법과 제의 율법이 늘 명확하게 구분되지는 않았기 때문이다. 그래서 사도행전 15장을 보면, 바울의 이방인 사역으로 새로운 상황이 조성되자 예루살렘 교회는 이방인 신자들에게 이렇게 통고하는 것으로 대응한다. "성령과 우리는 꼭 필요한 다음 몇 가지 밖에는 더 이상 아무 무거운 짐도 여러분에게 지우지 않기로 하였습니다. 여러분은 우상에게 바친 제물과 피와 목매어 죽인 것과 음행을 멀리하여야 합니다"(행 15:28-29). 이 본문에서 알 수 있는 것은 예루살렘에 있던 초기 교회에서는 피나 정결하지 못한 짐승을 먹는 것과 관련한 음식법이 우상숭배나 성적 행실 같은 문제와 관련한 율법들과 함께 여전히 지켜야 할 율법에 속했다는 점이다. 하지만 교회에 이방인 신자들이 계속 늘어나면서 음식법의 이러한 잔재도 더는 준수할 필요가 없는 계명에 해당하는 것으로 보게 되었다. 이를테면 우상에게 바친 동물의 고기가 그와 같은 사례에 해당한다. 바울은 고린도 교인들에게 그러한 고기를 먹지 말아야 하는 이유를 설명하면서, 그 일 자체가 악하기 때문이 아니라 이해하지 못하는 사람들은 남들이 우상 제물인 고기를 먹는 것을 보고서 혼란스러워져서 우상숭배에 빠질 수도 있기 때문이라고 말한다. 그래서 바울은 "음식이 내 형제를 걸어서 넘어지게 하는 것이라면, 그가 걸려서 넘어지지 않게 하기 위해서, 나는 평생 고기를 먹지 않겠습니다"(고전 8:13)라고 결론을 내린다.

안식일과 관련해서도 비슷한 일이 일어났지만 예루살렘 교회가 이방인 신자들에게 요구 사항을 제시하면서 안식일을 언급하지는 않는다. 초기 그리스도인들은 모두 유대인이었으므로 안식일을 계속 주께 드려 쉬는 날로 지키면서 동시에 그 주의 첫날에는 예수의 부활과 장차 그분이 거두실 승리를 기념하고 축하하고 기대하면서 떡을 떼기 위해 모였다. (이것이 오늘날 그리스어와 로망스어군에 속한 언어 대부분에서 한 주의 마지막 날을 가리키는 말이 'Sabbath'[안식일]에서 유래한 다양한 형태 – 영어에서는 'Saturday' – 를 지니게 된 이유다.) 하지만 교회가 이방인 사이에서 발전하면서 한 주의 일곱째 날을 쉬는 날로 지키는 일이 선택 사항이 되었는데, 많은 이방인 그리스도인들이 자기들에게 쉼을 허용하지 않으려는 주인이나 가부장이나 고용주 아래 있었기 때문이다. 안식일을 지킬 수 있는 사람에게는 지키기를 장려했지만, 그럴 수 없는 사람에게는 강요하지 않왔다. 결국 세월이 흐르면서 원래 안식일과 관련 있던 규칙 중에 다수가 그 주의 첫째 날, 곧 일요일로 옮겨갔다.

그러나 의식법과 도덕법을 구분하는 것으로는 충분하지 않았는데, 의식이나 음식과 관련된 여러 율법도 다른 모든 율법과 마찬가지로 히브리 성경의 일부이고 그리스도인들은 성경 전체가 하나님의 말씀이라고 주장했기 때문이다. 그렇다면 어떻게 하면 그러한 법들을 참되고 거룩한 계시라고 주장하면서도 지키지 않아도 되었을까? 간단히 말해 그 법들은 예수 그리스도를 가리키도록 하나님이 세우신 관행이라고 이해하면 된다. 사실 그 법들은 매우 중요한 기능을 담당했다. 하지만 그 법들이 가리키던 사건이 이미 일어났으므로, 지켜야 하는 계명으로서 효력을 상실했으며 이제는 하나님이 예수 안에서 행하기로 계획하신 일을 가리키는 징표나 고지라고 보아야 한다. 그 법이 일어나리라고 약속한 일이 현실이 되자 전에는 징표와 고지였던 역할이 변했다. 그 징표가 가리키던 목표가 성취되었으니 우리가 이제는 그 징표를 따르지 않아도 된다. 하지만 그 징표는 역사 속에서 이루어지는 하나님의 목적들을 보여주기 때문에 그 징표를 기억하는 것은 여전히 중요하다.

이 점을 가장 명료하게 보여주는 고대의 글이 2세기 중반에 나온 유스티누스의 『트리포와의 대화』에 실려 있다.

성령께서 미래에 대한 예표였던 일이 분명하게 일어나게 하실 때도 있고, 장차 일어날 일이 마치 그때 일어나는 중이거나 이미 일어난 것처럼 말씀하실 때도 있다. 독자들이 이런 방식을 이해하지 못하면 예언자들의 말을 있는 그대로 따라가기가 불가능하다. 여러분들이 내 말을 이해할 수 있도록 예언서 본문을 예로 들어 인용해 보겠다. 성령께서 이사야를 통해 "그는… 마치 도살장으로 끌려가는 어린 양처럼, 마치 털 깎는 사람 앞에서 잠잠한 암양처럼, 끌려"갔다고 말씀하실 때 마치 고난이 이미 일어난 것처럼 말씀하신다.

114.1, *ANF* 1:256

이 글에서 유스티누스는 구약에 나오는 예수에 관한 고지를 두 종류로 구분한다. 첫째는 잘 알다시피 예언으로, 오늘날까지 여전히 인기 있는 해석 형태다. 가장 잘 알려진 사례가 유스티누스가 이사야 53장을 기초로 제시한 해석이다.

히브리 성경에서 예수에 관한 고지의 둘째 유형은 그에 관해 말로 설명하지 않고, 미래 사건의 '예표'나 '표상'이나 '전조'가 되는 행위나 사건으로 설명하는 것들이다. 유스티누스가 여기서 사용한 용어가 '티포스'(*typos*)라서 이러한 유형의 해석을 일반적으로 '예표론'(typology)이라고 부른다. 예표론의 신학적 토대는 하나님이 예수에게서 완성되고 정점에 이르게 되는 일정한 패턴을 따라 일하신다는 개념이다. 이와 같은 예표론적 해석은 유스티누스보다 거의 한 세기 앞서 이미 성경에 등장한다. 예를 들어 고린도전서 10장에서 바울은 광야에 있던 어느 바위에 관해 언급하면서 "그 바위는 그리스도였습니다"라고 주장한다. 고린도전서 5:7-8에서도 유사한 사례를 볼 수 있는데, 거기서 바울은 "우리들의 유월절 양이신 그리스도께서 희생되셨습니다"라고 말한다.

이런 유형의 해석은 고대 기독교의 다른 여러 문헌에도 나온다. 그런 사례가 많지만 예표론적 해석의 적용 방식을 보여주는 데는 몇 가지 사례로도 충분하다. 레위기 12:3에서는 사내아이가 태어나서 여드레 되는 날에 할례를 받아야 한다고 명령한다. 아우구스티누스는 이 율법의 의미를 다음과 같이 설명한다.

> 갓난아이가 여드렛날에 세례를 받아야 하는 데는 합당한 이유가 있다. 우리가 할례받는 데 사용한 돌이 그리스도였기 때문이다. 유대인들은 돌로 만든 칼로 할례를 받았는데, "그 돌은 그리스도이다." 왜 여드렛날인가? 한 주의 첫째 날과 여덟째 날은 같은 날이다. 이레가 지나면 다시 첫째 날이 된다. 일곱째 날이 끝날 때 주님은 무덤에 계셨으며, 첫째 날이 밝아오자 다시 살아나셨다. 주님의 부활은 한 주의 첫째 날을 거룩하게 하실 뿐 아니라 우리에게 영원한 삶을 약속하신다.
>
> 『설교집』 169.3, BAC 53:180

이처럼 구약을 예표론적으로 해석한 또 한 가지 사례를 아우구스티누스가 요한복음에 관해 쓴 논문－사실 이것은 그의 요한복음 설교 모음집이다－에서 확인할 수 있다. 그 글에서 아우구스티누스는 몇 가지 구체적인 사례 외에도, 그리스도인이 이스라엘의 성경을 예표론적으로 이해하는 방식을 자세히 설명한다. 아우구스티누스는 이렇게 말한다.

> 성경에서 거룩한 율법에 관해 옛 이스라엘 백성에게 가르친 것, 곧 어떤

일을 해야 하는지, 희생 제사나 제사장의 직무는 어떻고 절기는 어떤 것인지, 또 하나님 예배와 관련된 일이나 그들이 배우고 받은 훈계는 어떤 것인지, 이 모든 것은 장차 이루어질 일들의 그림자입니다. 장차 일어날 일은 무엇입니까? 그리스도 안에서 완성될 일들입니다. 그래서 사도 바울은 "하나님의 모든 약속은 그리스도 안에서 '예'가 됩니다"라고, 다시 말해 모든 것이 그리스도 안에서 완성된다고 말합니다. 또 다른 곳에서 바울은 "이런 일들이 그들에게 일어난 것은 본보기가 되게 하려는 것이며, 그것들이 기록된 것은 말세를 만난 우리에게 경고가 되게 하려는 것입니다"라고 말합니다.… 그러므로 이 모든 것이 장차 일어날 일의 그림자였다면, 초막절 역시 장차 일어날 일의 그림자였습니다. 그러니 그것이 미래의 어떤 일에 해당하는 그림자인지 살펴봅시다. 나는 초막절이 어떤 날인지는 이미 설명했습니다. 이스라엘 백성이 이집트에서 탈출한 후 광야를 거쳐 약속의 땅으로 향해 가는 길에 초막에 머물렀기에 그 초막을 기념하는 날입니다. 그날의 의미를 헤아려 봅시다. 그러면 우리, 곧 그리스도께 속한 우리도 그곳에 있게 될 것입니다. 그 일은 우리의 공로가 아니라 그리스도의 은총을 힘입어서 그분에게 속한 사람이 될 때만 가능합니다. 형제 여러분, 이제 우리 자신에 대해 헤아려 봅시다. 우리는 바로와 같은 마귀의 노예가 되어 살던 땅이자 이 세상 욕망에 끌려 흙일에 몰두하던 땅, 심한 노역을 하던 땅 이집트에서 이끌려 나왔습니다. 그때 벽돌을 만드느라 수고하던 우리에게 그리스도께서 "수고하며 무거운 짐을 진 사람은 모두 내게로 오너라" 하고 크게 외치셨습니다. 그래서 우리는 (그리스도의 피로 성별된 까닭에 붉은) 홍해를 통과함으로써 세례를 받

157

12장. 해석의 모델

아 이끌려 나왔습니다. 우리를 쫓던 모든 원수는 죽었고 그렇게 우리는 모든 죄를 용서받음으로써 강 건너편에 이르게 되었습니다. 그래서 지금 우리는 약속의 땅, 곧 영원한 천국에 이르기 전, 광야의 초막에 있습니다.

『요한복음 강해』 28.6, *NPNF*[1] 7:181-182

마지막으로, 또 한 가지 중요한 사실은 지리적인 면은 물론이고 신학적인 관점에서도 서로 거리가 먼 저자들에게서 이러한 예표론적 사고를 볼 수 있다는 점이다. 이를테면 시리아의 에프렘과 아를의 케사리우스를 살펴보자. 한 사람은 멀리 동로마 제국에 속하고 다른 사람은 서로마 제국에 속하며, 그렇기에 두 사람은 나중에 동방 기독교 신학과 서방 기독교 신학 사이에서 두드러지게 될 차이점을 미리 보여 준다. 이 두 사람이 광야의 구리 뱀 사건에 관해 말하는 것을 비교해 볼 수 있다. 에프렘은 이렇게 말한다.

"모세가 광야에서 뱀을 든 것같이, 인자도 들려야 한다"(요 3:14). 사람들이 모세가 기둥에 매단 징표를 바라보면 몸이 살아났듯이 십자가에 못 박히고 매달린 메시아의 몸을 영적인 눈으로 바라보고 그분을 믿는 사람들은 [영적으로] 살아날 것이다. 그러므로 본성상 고난을 겪을 수 없는 이 구리 뱀을 통해서, 십자가에서 고난을 받으신 그분이 본성상 죽을 수 없는 분이라는 사실이 계시된다.

『디아테사론 강해』 16.15, 카멜 매카시 옮김, Journal of Semitic Studies Supplement 2, 1993, 250

비슷하게 에프렘이 자신의 어느 찬송시에서도 이렇게 말한다.

모세는 높이 달린 뱀이 독사에게 물린 상처를 치유한 것을 보았고, 옛 뱀에게 입은 상처를 치유하실 주님을 우러러보았도다. 모세가 그분 홀로 하나님의 빛 안에 계심을 보았고, 주님이 오시기를 바랐도다.

『주현절 찬송 시가』 1, *NPNF*² 13:224

그리고 지중해 세계 정반대 쪽에서는 케사리우스가 이렇게 주장했다.

친애하는 여러분, 이 뱀이 참으로 놀라워 보여도 주님의 성육신을 예시할 뿐입니다. 주께서 복음서에서 직접 말씀하지 않으셨다면 이 생각을 받아들이기 어려운 사람도 있었을 것입니다. 그래서 주님은 "모세가 광야에서 뱀을 든 것같이, 인자도 들려야 한다"고 말씀하셨습니다. 그 구리 뱀이 기둥에 걸려야 했던 것은 그리스도께서 십자가에 달려야 하셨기 때문입니다. 그때 뱀에게 물린 사람은 누구나 구리 뱀을 보면 고침을 받았습니다. 이제 영적인 뱀인 마귀에게 물린 사람은 누구나 믿음으로 그리스도를 바라보면 고침을 받습니다. 뱀에게 물렸는데 그 구리 뱀을 바라보지 않으면 죽었습니다. 그러니 형제 여러분, 이와 똑같이 말할 수 있습니다. 사람이 십자가에 달리신 그리스도를 믿지 않으면 마귀의 독에 죽습니다. 전에는 살아 있는 뱀에게서 벗어나기 위해서 죽은 뱀을 바라보았다면, 이제는 마귀의 독을 피하기 위해 십자가에 달리신 그리스도를 바라보아야 합니다.

『설교집』 112.1, FC 2:151-152

이러한 예표론적 해석은 제의와 음식과 정결에 관한 율법뿐 아니라 이스라엘 역사 전체에도 적용되었다. 고대 기독교 문헌을 보면, 이집트의 굴레에서 해방된 일을 예수가 지옥에서 영혼을 해방하는 사역을 가리키는 예표나 표상으로 거듭 표현한다. 노아 가족과 동물들을 홍수에서 구원한 노아의 방주는 세례에 대한 예시다. 광야에서 백성이 먹던 만나는 성찬의 빵뿐 아니라 생명의 빵인 예수 그리스도도 가리켰다. 이스라엘 역사에서 불임인데도 위대한 지도자를 출산한 여성들은, 동정이었기에 불임 여성들보다 훨씬 탁월한 마리아를 가리킨다. 이외에도 많은 예가 있다.

예표론적 해석은 구약 이야기들의 역사적 사실성을 부정하지 않는다. 오히려 그러한 여러 사건이 당연히 실제로 일어났다고 여기면서 각 사건에는 미래를 가리키는 더욱 깊은 의미가 담겨 있다고 주장한다. 성경을 미래에 대한 고지로 이해하는 예표론은 자주 예언과 혼동된다. 그래서 신약이나 여타 기독교 문헌에서, 예언으로도 예표론으로도 해석될 수 있어서 어느 쪽으로 보느냐에 따라 다른 해석이 나오는 사례를 무수히 볼 수 있다. 예를 들어 이사야 53장은 일반적으로 예언으로 이해한다. 예언자의 이러한 말이 자기 시대에 일어난 일을 가리키는 것이 아니라 훗날 예수가 고난당할 때 일어날 일을 고지한다는 뜻이다. 이와는 달리 이사야 53장을 예표로 본다면, 우리는 이사야 예언자가 자기 시대에 일어난 일을 말한다고 믿을 것이고, 그 일이 무엇인지 확인하고자 애쓰게 될 것이다. 그러면서도 우리는 그때 일어난 일을 장차 일어날 일에 대한 고지나 표징으로 이해할 것이다. 게다가 고대 기독교 저술가 중에는 예표론이 예수에게서 성취되었다고 보는 견해를 뛰어넘어 예표론을 교회와 신자들의 삶에까지 적용한 사람들이 있었다. 이사야 53장을 이런 식으로 해석하면, 이사야서 본문은 예수의 삶과 이스라엘 역사에서 일어난 사건들을 가리킬 뿐 아니라 그리스도인들이 고난받는 종을 본받아 어떻게 살아야 하는지도 가리킨다. 이런 식으로 본문을 이용한 예를 베드로전서에서 볼 수 있다. 베드로는 주인에게 학대당하는 종들에게 증오와 폭력으로 대갚음하지 말고 외려 고난당하는 종을 닮은 인내를 보이라고 가르치면서 이렇게 말한다.

죄를 짓고 매를 맞으면서 참으면, 그것이 무슨 자랑이 되겠습니까? 그러나 선을 행하다가 고난을 당하면서 참으면, 그것은 하나님께서 보시기에 아름다운 일입니다. 바로 이것을 위하여 여러분은 부르심을 받았습니다. 그리스도께서는 여러분을 위하여 고난을 당하심으로써 여러분이 자기의 발자취를 따르게 하시려고 여러분에게 본을 남겨 놓으셨습니다. 그는 죄를 지으신 일이 없고 그의 입에서는 아무런 거짓도 찾아볼 수 없었습니다. 그는 모욕을 당하셨으나 모욕으로 갚지 않으시고, 고난을 당하셨으나 위협하지 않으시고, 정의롭게 심판하시는 이에게 다 맡기셨습니다. 그는 우리 죄를 자기의 몸에 몸소 지시고서, 나무에 달리셨습니다. 그것은, 우리가 죄에는 죽고 의에는 살게 하시려는 것이었습니다. 그가 매를 맞아 상함으로 여러분이 나음을 얻었습니다. 전에는 여러분은 길 잃은 양과 같았으나, 이제는 여러분의 영혼의 목자이며 감독이신 그에게로 돌아왔습니다.

베드로전서 2:20-25

그러므로 이제 우리가 신약에서 이스라엘의 예언을 언급하는 글을 읽을 때면 그러한 언급에 예표론적 차원도 있을 가능성을 염두에 두는 것이 도움이 될 것이다. 예를 들어 베드로전서에서 우리는 예표론이 교회의 삶에 적용되는 또 다른 본문을 볼 수 있다. 이 본문에서는 예수를 가리켜 집 짓는 자들이 버렸으나 전체 건물의 머릿돌이 된 돌이라고 하면서, 독자들에게도 하나님이 지으시는 큰 건물 곧 영적인 집의 살아 있는 돌들이 되라고 요청한다.

주님께 나아오십시오. 그는 사람에게는 버림을 받으셨으나, 하나님께는 택하심을 받은 살아 있는 귀한 돌입니다. 살아 있는 돌과 같은 존재로서 여러분도 집 짓는 데 사용되어 신령한 집이 됩니다. 그래서 여러분은 예수 그리스도로 말미암아 하나님께서 기쁘게 받으실 신령한 제사를 드리는 거룩한 제사장이 되십니다. 성경에 이런 말씀이 있습니다. "보아라, 내가 골라낸 귀한 모퉁이 돌 하나를 시온에 둔다. 그를 믿는 사람은 결코 부끄러움을 당하지 않을 것이다." 그러므로 이 돌은 믿는 사람들인 여러분에게는 귀한 것이지만, 믿지 않는 사람들에게는, "집 짓는 자들이 버렸으나, 모퉁이의 머릿돌이 된 돌"이요, 또한 "걸리는 돌과 넘어지게 하는 바위"입니다. 그들이 걸려서 넘어지는 것은 말씀을 순종하지 않기 때문이며, 또한 그렇게 되도록 정해 놓으셨기 때문입니다.

베드로전서 2:4-8

마지막으로, 고대 교회는 예언적 해석과 예표론적 해석 말고 풍유적 해석도 흔히 사용했다. 이 해석에서는 본문의 상징적 의미 때문에 문자적·역사적 의미가 퇴색된다. 풍유법은 이교의 헬레니즘 세계에서 고전 문헌 해석에 일반적으로 쓰던 방법이었다. 그 세계에서 호메로스와 헤시오도스 같은 저자의 글은 교사들이 학생의 삶과 가치관 형성을 도울 때 사용하던 기본 교재였다. 하지만 그런 고전 문헌에서 들려주는 신들 관련 신화는 헬레니즘 시대에 들어와서는 대체로 명성과 신뢰성을 잃었다. 따라서 그러한 고전 문헌을 읽는 목적은 여러 신화에 관한 문자적인 지식을 파악하는 것이 아니라 그 이야기들에서 도덕적이고 시민적인 삶과 관련된 상징적이고 깊이 있는 의미들을 발견하는 데 있었다. 그리스도인들도 매우 적절해 보이는 이런 관습의 영향을 받아서 이스라엘 성서를 풍유적인 방법으로 해석하게 되었다.

풍유법은 역사 전체에 걸쳐서 성경 해석의 일반적 방법으로 널리 사용되었다. 고대 교회에서 이러한 유형의 해석을 주도한 사람이 알렉산드리아의 클레멘스와 제자 오리게네스였다. 이들의 견해에 따르면 모든 본문에는 최소한 두 가지 의미가 있으며, 경우에 따라 여러 의미가 있다. 본문의 기본 의미 가운데 하나는 문자적 의미다. 문자적 의미보다 훨씬 더 고상한 다른 의미가 그들이 '영적' 의미라고 부르는 풍유적 의미다. 지적 엘리트주의로 기울었던 두 사람은 문자적 의미는 배우지 못한 사람들을 위한 것이며 그에 반해 영적인 의미는 깊은 이해력을 지닌 사람들이 추구하는 것이라고 주장했다. 우리가 찾아낸 문자적 의미가 성서의 나머지 부분에서 가르치는 것과 모순되어 보인다면 그 문자적 의미는 완전히 포기하고 영적인 해석을 시도해야 한다. 오리게네스의 주장에 따르면 유대인들이 저지른 주요 '오류'는 사실상 '영적'이거나 풍유적인 본문들을 문자적으로 해석하는 데 만족했다는 것이다. 오리게네스가 여호수아 8장에 나오는 아이성 점령과 파괴 이야기를 다룬 방식에서 대표적인 사례를 볼 수 있다.

> 유대인들이 이런 일들을 읽으면, 경건한 사람까지도 아이성에 사는 사람들을 쳐서 "그들 가운데 살아남거나 도망한 사람이 없"게 하는 데 앞장 섰다고 착각하고는 마음이 잔인해져서 사람의 피를 흘리는 일에 주저하지 않게 된다. 그들은 말씀 속에 비밀이 드러나지 않게 감추어져 있다는 사실과 또 그 말씀이 실제로 우리에게 가르치는 것은 그런 악마들을 우리 속 깊은 곳에 남겨 두지 말고… 완전히 제거해야 한다는 뜻이라는 사실을… 이해하지 못한다.
>
> 『여호수아서 강론』 8.7, FC 105:92

이런 유형의 해석은 그리스도인들이 무지한 사람이라고 조롱당하고 심각한 악과 끔찍한 복수를 담은 책들을 좋아하는 사람이라고 비난받던 시대에 특히 인기가 있었다. 그러한 주장에 대응하여 오리게네스 같은 사람들은 교양있는 이교도가 호메로스를 포함하여 고전 저자의 저술을 읽을 때와 유사한 방식을 받아들여 성경 본문을 해석하고 제시할 수 있었다. 이에 딱 들어맞는 사례가 어머니 모니카의 신앙을 받아들이려 하지 않았던 아우구스티누스다. 아우구스티누스에게는 자기가 읽은 성경의 이야기가 추잡하고 폭력적으로 보였다. 아우구스티누스는 암브로시우스가 어려운 성경 본문을 풍유적으로 해석하는 설교를 듣고서야 마침내 성서의 권위를 인정할 수 있었다.

그런데 풍유적 해석은 성경 본문에 담긴 중요한 내용을 밝혀 주기는 하지만 다른 한편으로 해석자가 본문이 말하는 내용을 결정짓게 하는 커다란 약점 - 이것은 본문의 권위를 박탈하고 해석자에게 권위를 부여한다 - 이 있다. 오리게네스는 성경의 특정 단어와 연계된 숨겨진 의미를 체계화했는데, 그에 따르면 "구름"은 '음성'을 뜻하고 "말"(horse)은 '힘'을 의미했다. 이 일에 힘쓴 오리게네스를 두고 어떤 학자는 오리게네스에게 성경은 하나님의 계시가 아니라 오리게네스만 답을 알 수 있는 하나님의 수수께끼가 되어 버렸다고 주장했다.

풍유적 해석의 과도한 특성을 비판하는 일에 현대 학자들까지 나설 필요는 없었다. 4세기에 대 바실리우스가 이와 관련해 다음과 같이 분명하게 말했다.

나는 다른 사람들의 저술을 통해서지만 풍유법의 법칙을 잘 안다. 성서의 상식을 인정하지 않고서, 물을 물이 아니라 다른 어떤 본질이라 주장하고, 식물과 물고기에서 자기네 공상이 그려 낸 것을 끌어내고, 또 해몽가가 꿈에 본 환상을 자기 마음대로 풀어내듯이 파충류나 맹수들의 본성을 자기네 풍유법에 맞춰서 설명하는 이들이 있다. 내게 풀은 풀이다. 그리고 나는 식물, 물고기, 맹수, 가축 등 모든 것을 문자적 의미로 받아들인다.

『창조의 6일』 9.1, *NPNF*[2] 8:101

다양한 해석 방식을 살펴보았으므로 여기서 중요한 사실을 하나 더 밝힌다. 이들 해석 방식 사이에 차이가 두드러지기는 해도 고대의 모든 기독교 저술가들의 글에서 이 세 가지 방식에 해당하는 사례를 찾아볼 수 있다는 점이다. 물론 각 저술가가 그 가운데 어느 하나를 선호할 수는 있다. 또 앞에서 살펴본 세 이론이 고대 저술가들 사이에서 해석의 중심 모델로 쓰이기는 했으나 다른 이론도 많았다. 아우구스티누스가 393년 에 저술한 어느 글에서 창세기를 이해하는 네 가지 방식을 언급하는데, 거기에다 그가 언급하지 않은 예언까지 보태서 이해해야 할 것이다. 그 글에서 아우구스티누스는 다음과 같이 말한다.

> 많은 저자가 율법을 네 가지 다른 방식으로 설명한다. 이들 방식을 그리 스어 이름으로 부르는데, 라틴어로는 '역사, 풍유, 유비, 원인'이라고 말할 수 있다. 우리는 인간의 사건이든 신의 사건이든 어떤 일을 이야기할 때 면 역사적으로 해석하고, 비유적으로 다룰 때는 풍유적으로 해석하고, 구 약과 신약의 일치점이 명료한 경우에는 유비적으로 해석하고, 그러한 사 건과 말의 원인과 근거를 제시할 경우는 인과 관계로 해석한다.
>
> 『창세기의 문자적 해석』(미완성 저술) 2.5, BAC 168:502-504

그런데 고대 기독교 문헌 전체를 두루 살펴보면, 많은 저자가 히브리 성경을 예수의 복음이나 교회의 삶과 연관시키는 데 즐겨 사용한 방법은 (아우구스티누스가 '유비'라고 부른) 예표론이었다. 그래서 히브리 성경 전 체는 그리스도인까지 아우르는 하나님의 행위가 어떤 패턴으로 이루어지는지를 보여준다. 그 패턴 가운데는 인간의 모든 행동을 이끌어가는 율법이 있고, 예수 안에서 성취될 일에 대한 예시도 있다.

마지막으로, 성경에 숨겨진 의미를 찾거나 우리의 모든 문제에 대한 답을 얻기 위해서 성경을 탐구하는 일에 대해 190년쯤에 이레나이우스가 충고한 말은 21세기인 오늘날에도 여전히 유효하다.

> 따라서 피조물조차도 오직 하나님께서 주시는 [지식으로 알 수 있는] 것들이 있고 우리 지식의 테두리 안에서 알게 되는 것들이 있는 형편에서, 우리가 성경 안에 있는 일들(모두 다 영적인 것이다)을 탐구할 때 어떤 것은 하나님의 은혜를 의지해 설명할 수 있는가 하면 다른 것은 현재 세상에 속한 것이든 장차 이루어질 일이든 하나님의 손에 맡겨서 하나님께서 가르쳐 주시는 대로 배워야 하는 것이 마땅하다면, 도대체 무슨 근거로 불평을 할 수 있겠는가? … 하나님은 선하시며, 한없는 부요와 영원한 나라와 전혀 모자라지 않는 교훈을 지니시기 때문이다.

『이단들을 반박함』 2.28.3, *ANF* 1:399–400

13장
중심 주제: 창조

성경 맨 앞에는 창조에 관한 말씀이 나온다. 창조론에서는 하나님과 창조된 우주 전체에 관해 아주 독특한 내용을 주장한다. 성경은 계속해서 만물의 창조자인 참 하나님과 인간이 만든 우상을 대비시킨다(사 44:9-20, 호 8:4하). 하지만 성경은 태초에 하늘과 땅을 지으신 하나님이 끊임없이 새 일을 행하신다는 사실도 분명히 한다. 엄밀한 의미에서 보면 "창조하다"라는 동사는 하나님의 이러한 행위, 곧 이스라엘 백성의 창조나 역사의 마지막 때 있을 새 하늘과 새 땅의 창조 같은 행위에만 사용할 수 있다. 그러므로 창조주 하나님을 말할 때 우리의 사고를 하나님이 하늘과 땅을 창조하셨던 최초의 행위에 한정해서는 안 된다. 창세기 1장과 2장의 창조주 하나님은 지금도 계속해서 창조하시는 창조주 하나님이다.

게다가 창조는 창세기뿐 아니라 성경 전체에 계속 등장하는 주제다. 시편 기자는 창조 세계의 위대함을 그 안에 있는 인간의 왜소함과 대조하여 언급한다. "주님께서 손수 만드신 저 큰 하늘과 주님께서 친히 달아 놓으신 저 달과 별들을 내가 봅니다. 사람이 무엇이기에 주님께서 이렇게

까지 생각하여 주시며, 사람의 아들이 무엇이기에 주님께서 이렇게까지 돌보아 주십니까?"(시 8:3-4). 예언자들도 정의에 관해 외치면서 창조의 위대함을 근거로 삼는다. "너희는 공의를 쓰디쓴 소태처럼 만들며, 정의를 땅바닥에 팽개치는 자들이다. 묘성과 삼성을 만드신 분, 어둠을 여명으로 바꾸시며, 낮을 캄캄한 밤으로 바꾸시며, 바닷물을 불러 올려서 땅 위에 쏟으시는 그분을 찾아라. 그분의 이름 '주님'이시다"(암 5:7-8).

기독교는 고대 이스라엘 백성에게서 창조 교리를 배우고 물려받았다. 요한복음은 예수에 관해 말하면서 창조로 시작한다. "태초에 '말씀'이 계셨다. 그 '말씀'은 하나님과 함께 계셨다. 그 '말씀'은 하나님이셨다. 그는 태초에 하나님과 함께 계셨다. 모든 것이 그로 말미암아 창조되었으니, 그가 없이 창조된 것은 하나도 없다. … 그 말씀은 육신이 되어"(요 1:1-3, 14).

창조 교리는 성경뿐 아니라 초기 기독교의 문헌에서도 매우 중요했다. 디다케(1.2)와 소위 바나바 서신(10.2)에도 "너는 너를 지으신 분을 사랑해야 한다"는 계명이 담겨 있다. 1세기 말에 클레멘스가 고린도 교인들에게 보낸 첫째 편지를 보면, 창조 교리를 힘써 주장하고서 고린도 그리스도인들에게 하나님이 우주에 새겨 놓으신 조화를 따르라고 가르친다.

이처럼 위대하고 영광스러운 모범이 우리 앞에 펼쳐진 것을 보았으니, 처음부터 우리 앞에 세워진 표지인 그 평화를 다시 실천합시다. 우주의 창조자이신 아버지를 굳게 바라보고, 그분의 참으로 크고 놀라운 평화의 선물과 은혜를 굳게 붙잡읍시다. 마음으로는 그분을 묵상하고 영혼의 눈으로는 오래 참으시는 그분의 뜻을 헤아립시다. 그분이 모든 피조물을 향한 진노를 어떻게 거두셨는지 살펴봅시다.

하늘은 주님의 지시를 따라 운행하면서 그분에게 평화로이 순종합니다. 낮과 밤은 그분이 정하신 경로대로 움직이며 서로 부딪히는 법이 없습니다. 해와 달은 별 무리와 어울려 그분의 명령을 따라 조화롭게 굴러가면서, 곁길로 빠지지 않고 각자 정해진 자리를 지킵니다. 열매 맺는 땅은 머뭇거리거나 그분께서 정하신 규칙을 어기는 일 없이 그분 뜻대로 철에 따라 사람과 짐승과 모든 생명에게 풍성한 양식을 공급합니다. 불가사의한 무저갱의 위치와 말로 표현할 수 없는 지옥의 배치도 동일한 법이 통제합니다. 광활하여 측량할 수 없는 바다는 주님이 만드신 여러 대양분지에 모여 그 정해진 경계를 벗어나지 않으며 오직 그분의 명령을 따릅니다. 주님이 "여기까지는 와도 된다. 그러나 더 넘어서지는 말아라! 도도한 물결을 여기서 멈춰라!" 말씀하셨기 때문입니다. 인간이 건널 수 없는 대양과 대양 저편 세상도 주님의 동일한 법칙이 다스립니다. 봄, 여름, 가을, 겨울 사계절은 평화롭게 서로 자리를 내주고 이어받습니다. 사방에서 부는 바람은 할 일을 적절한 때에 거침없이 수행합니다. 마르지 않고 흘러나와 기쁨과 건강의 원천이 되는 샘물은 언제나 인간의 생명을 돌보는 젖줄이 됩니다. 지극히 작은 생명체도 평화롭고 사이좋게 만납니다. 위대하신 창조주, 만물의 주님이 이 모든 것이 평화롭게 조화를 이루며 존재하도록 정하셨습니다. 주님은 만물에게 은혜를 부어 주시는데, 특히 예수 그리스도를 통해 주님의 긍휼을 피난처 삼은 우리에게 풍성히 베푸십니다. 우리 주 예수 그리스도께 영광과 위엄이 영원히 있을지어다.

19-20, ANF 1:10-11

초기 교회의 성경

몇 세기 후에 알렉산드리아의 아타나시우스가 이렇게 경탄한다.

> 하늘의 둘레, 해와 달의 경로, 다른 별들의 위치와 이동이 서로 방향이 다르지만 조화를 이루며 일관된 질서를 따르는 것을 보았다면, 이것들이 저절로 질서가 잡힌 것이 아니며 이것들과 구별되면서 명령하는 창조자가 있다는 결론에 누가 이의를 제기할 수 있을까? 또 해가 낮에 뜨고 달이 밤에 빛나고 정확한 날수에 따라 변함없이 차고 이지러지며, 별마다 다양하고 복잡한 궤도를 따라 달리기도 하고 흩어지지 않고 움직이기도 하는 것을 보았다면 그것들을 주관하시는 창조자가 계심을 누가 깨닫지 못하겠는가?
>
> 『이단 반박론』 3.35.4, *NPNF*² 4:23

기독교는 그리스·로마 문화 속으로 들어가면서 우주에 관한 매우 다양한 이론과 맞서야 했다. 이교의 신들 및 그 신들과 자연의 연계를 다룬 고대 신화가 상당 부분 힘을 잃었으나 다신론은 여전히 일반 대중 사이에 만연했다. 교양 있는 엘리트 사이에서는 우주의 본질에 대한 견해가 다양했다. 에피쿠로스와 에픽테토스에 따르면 존재하는 것은 모두 원자로 구성된 물질이다. 우리가 '영혼'이라고 부르는 것은 더 작은 원자들로 구성된, 더 미세한 물질에 불과하다. 스토아학파 사람들은 모든 존재에 어느 정도 신성이 있다는 일종의 범신론을 따랐다. 오늘날 우리가 신플라톤주의라고 부르는 체계로 발전해 가던 당시의 플라톤주의는, 존재하는 모든 것은 말로 설명할 수 없는 일자(Ineffable One)에서 파생된 일련의 유출이나 파동이라고 보는 유출설을 주장하였다. 어느 실재가 원형인 일자에서 멀어질수록 그만큼 더 물질적으로 변하고 따라서 가치도 떨어진다. 이러한 여러 철학 이론 말고도 영지주의 학파가 아주 다양하게 있었는데, 이들 학파는 여러 사안에서 서로 달랐지만 전반적으로 물질에 대한 부정적 견해는 일치해서, 영적인 것은 모두 선하며 물질적인 것은 모두 악하다는 철저한 이원론을 따랐다.

실재를 악한 물질과 영적인 선의 결합으로 보는 견해를 예수의 메시지 및 인격과 연결하려고 애쓴 사람들이 일찍부터 있었다. 특히 영지주의 교사들이 그러했는데, 이들은 예수를 자기네 교리 체계에 편입시키고자 예수를 물적 실체가 없는 일종의 환영(幻影)이나 현상으로 바꾸려고 했다. 하지만 이렇게 물질과 영혼을 철저히 가르는 이분법을 지지한 유명인사는 영지주의자가 아니라, 앞서 살펴보았듯이 기독교 주교의 아들인 마르키온이었다. 마르키온은 주교의 아들이었기에 이스라엘의 성경을 잘 알았으며 그 성경을 하나님의 계시로 인정하였다. 다만 히브리 성경에 계시된 신이 예수 그리스도의 아버지인 하나님과는 다른, 훨씬 열등한 신이라고 확신했는데, 이는 창조뿐 아니라 성육신과 부활과 심판도 부정한다는 의미였다.

2세기 중반 무렵에 교회는 이러한 가르침을 크게 우려했으며, 복음의 핵심에 대한 위협으로 보았다. 이러한 까닭에 요한1서 4:2-3에서 다음과 같이 말한다. "예수 그리스도께서 육신을 입고 오셨음을 시인하는 영은 다 하나님에게서 난 영입니다. 그러나 예수를 시인하지 않는 영은 다 하나님에게서 나지 않은 영입니다." 이 말씀 다음에 언급하는 그리스도의 적대자는 도덕적 악이라는 면에서 규정되거나 그리스도인을 박해하는 것으로 소개되지 않고, 가현설을 지닌 것으로 규정된다. 이 구절뿐 아니라 요한1서에 나오는 다른 구절들이 어떠한 형태의 가현설이든 분명하게 반대했기 때문에 요한과 (영지주의 가현설의 주요 교사인) 케린투스에 관한 고대 전승이 나왔다. 요한1서의 이 본문에서 유래한 것으로 보이는 그 전승에 의하면, 케린투스가 에베소에서 요한과 우연히 만났을 때 요한에게 "나를 아는가?" 하고 물었다. 이에 요한은 "당신을 안다, 사탄의 아들이여!"라고 응수했다.

또 오늘날 우리가 사도신경이라고 부르는 것이 2세기에 형태를 갖추기 시작했는데, 주된 목적은 마르키온의 가르침을 용납할 수 없음을 분명히 하는 것이었다. 고대의 신조들은 세례에 쓰이는 정형 문구였으며, 이제 곧 세례를 받을 사람에게 주로 질문의 형식으로 제시되었다. 예를 들어 세례받을 사람은 "당신은 전능하신 아버지 하나님을 믿습니까?" 하는 질문을 받았다. 그에 대해 그 사람은 "네, 제가 믿습니다"라고 답해야 했다. 그래서 고대의 신조들은 성부와 성자와 성령의 이름으로 행하는 세례를 반영하는 삼위일체 구조를 지녔다. 이 신조들은 또 신자들이 서로를 알아보는 수단으로 쓰이기도 했는데, 어떤 사람이 교회의 신앙을 긍정하는지 확인하기 위해서였다. 이러한 고대 신조들은 마르키온과 그의 가르침이 큰 위협이 되던 때인 2세기에 형성되었기 때문에 반 마르키온적 특성을 지녔으며, 창조 및 하나님이 예수 그리스도 안에 나타나신 성육신을 크게 강조하였다.

마르키온의 가르침은 또 신약 정경의 형성을 촉진했던 주요 도전 가운데 하나였다. 신약 정경은 히브리 성경의 본문을 계속 인용하여 두 성경의 연속성을 강하게 주장하였다.

초기 기독교의 위대한 교사들이 창조론을 강조한 이유 가운데 하나가 마르키온이나 그와 유사한 사람들의 이론에 대응하기 위해서였다. 그래서 그들은 창세기의 처음 몇 장에 큰 관심을 쏟았는데, 거기서는 피조물 전체를 선한 것으로 선포한다. 기독교 문헌의 역사 전체에 걸쳐서도 비슷한 일이 계속되는데, 그 시초는 잘 알다시피 신약 밖에서 가장 오래된 문헌인 로마의 클레멘스나 안티오키아의 이그나티우스의 서신들이다.

그런데 '그리스도인'이라는 이름을 주장하던 사람들이 대체로 창조 교리를 인정하기는 했지만, 다들 동일한 방식으로 이해하지는 않았다. 2세기 후반과 3세기 초에 교회 안에 방대한 문헌이 등장했는데, 거기서 창조를 이해하는 세 가지 기본적인 방식을 확인할 수 있다. 그 가운데 하나에서는 창조를 단순하게 만물의 시작이라고 보았다. 오늘날 신자들 대부분은 창조 교리를 그러한 방식으로 이해한다. 이 관점에서 보면 창조는 아주 오래전에 발생하여 세상을 존재하게 한 어떤 일이다. 창세기 이야기에 따르면, 창조의 여섯째 날에 창조 세계가 완성되었으며, 하나님은 바로 그 세계를 영원토록 이어가기를 원하셨다. 뱀과 뱀이 끌어들인 죄가 개입하지 않았더라면 만물은 그때의 상태 그대로 유지되었을 것이다. 창조를 이러한 방식으로 이해하면, 인간의 역사 전체는 그저 잃어버린 완전함 회복이 주요 목표인 과정이 되어 버린다. 초기에 나온 문헌을 살펴볼 때, 가톨릭과 개신교를 포함해 서구 신학에서 일반화된 이런 창조 이해를 대변하는 주요 인물이 2세기 말과 3세기 초에 북아프리카에 살았던 테르툴리아누스다.

창조를 이해하는 또 다른 방식으로서 고대 교회에서 제시되었으나 별로 신뢰를 얻지 못한 견해는 창세기 처음 몇 장에 나오는 유사한 두 가지 창조 이야기를 근거로 한다. 첫째 이야기에는 창세기 1장 전부와 2장 앞쪽 몇 절이 들어간다. 그 지점에서 둘째 이야기가 시작되어서 창세기 2장 대부분을 차지한다. 창조 이야기의 이러한 이중 구조에 오늘날 사람들이 놀라기도 하고 아주 현대에 발견한 것으로, 곧 성경을 믿지 않는 사람들의 성과로 간주하기도 하는데, 사실 이런 구조는 옛날에 유대교 성경학자들과 기독교 성경학자들도 잘 알고 있었다. 첫째 이야기에서는 모든 일이 6일간의 창조를 중심으로 돌아간다. 하나님이 동물을 포함한 만물을 창조하는 것으로 시작하시고, 마지막에 사람을 창조하시면서 남자와 여자 모두 창조하신다. 둘째 이야기에서는 하나님이 남자를 먼저 창조하시고, 이어서 동산을 지으시고 (결코 남자의 짝이 될 수 없는) 동물들 곁에 그 남자를 두시고, 마지막으로 여자를 지으시는데, 여자는 남자의 갈비뼈로 지었기에 남자에게 어울리는 짝이 된다. 이렇게 유사하면서도 서로 다른 이야기들이 어떻게 조화될 수 있는가? 이 질문에 대한 답으로 창조를 이해하는 특별한 방법이 생겨났는데, 가장 먼저 유대인 학자들에게서 나왔고 다음으로 그리스도인 학자들에게서, 특히 3세기 초에 오리게네스에게서 나왔다. 오리게네스는 두 이야기를 문자적으로 이해하였으며, 그래서 실제로 두 가지 창조가 있다고, 달리 말해 창조에는 두 단계가 있다고 결론짓기에 이르렀다. 먼저 하나님은 영적 존재들만 창조하셨다. 이것이 창세기 1장에서 말하는 창조다. 이 영적 존재들, 또는 그중 일부가 하나님을 관상하는 것(contemplating)을 그만두자 타락하였다. 그래서 하나님은 이들 타락한 영혼이 순수한 영적 상태로 돌아갈 수 있을 때까지 임시로 머물 장소로 물적 창조를 하셨다. 이것이 창세기 2장에서 말하는 창조다. 이 견해에 따르면 타락한 영혼은 모두 마침내는 영적 근원으로 되돌아가고 물적 세상은 사라진다. 예상대로 이런 해석은 신자들 사이에서 받아들여지지 않아 곧 폐기되었으며 심지어 이단이라고 주장되었다. 그렇기는 해도 오리게네스와 그와 비슷한 사람들의 견해는, 하나님이 영적 창조 세계에만 진정한 사랑과 관심을 두시며 또 물질적인 것은 모두 열등하다고 보는 개념을 고수하며 신자들 사이에 널리 퍼졌다.

이렇게 영적인 것을 물질적인 것보다 소중하게 여기고 때로는 물질적인 것을 악하다고까지 여기는 경향은 기독교 역사 내내 걸핏하면 나타났다. 이런 사고에 크게 기여한 신학자가 아우구스티누스다. 그는 회심하기 전까지 신플라톤주의자였으며 그의 기독교 저술, 그중에서도 초기 저술에는 신플라톤주의의 흔적이 남아 있다. 그러나 이러한 견해가 실제로 중세에 만연하게 한 사람은 5세기 말과 6세기 초에 활동했던 무명의 저자로, 자기는 바울이 아레오바고에서 개종시킨 디오니시우스(행 17:34)라고 주장하며 여러 저작을 썼다. 이 위(僞) 디오니시우스가 플라톤주의에 크게 영향을 받은 신비주의의 한 가지 형태를 제안하였다. 그 신비주의에서는 모든 것을 계층체제로 보았으며 물질적인 것이 영적인 것보다 열등했다. 위 디오니시우스는 바울의 제자 행세를 해서 사도에 버금가는 권위를 누렸기 때문에 중세의 사상에 깊은 흔적을 남겼다. 그의 가르침도 중세 사회가 고도로 서열화되는 데 영향을 끼쳤다.

창조에 관한 셋째 견해는 고대 교회에서 아주 일반적이었지만, 결국에는 서구 신학자들 대부분에게 무시당하고 잊혔다. 이 견해에서는 창세기의 이야기들을 창조 전체의 역사로 보지 않고 그 시작에 관한 설명으로 이해한다. 이 견해를 강력하게 주장한 고대의 주요 저자는 2세기 후반 인물인 리옹 주교 이레나이우스다. 그는 창세기의 이야기들을 언급하면서 '창조'라고 부르지 않고 계속 '창조의 시작'이라고 부른다. 그가 이 구절을 거듭 사용한 데서 하나님의 창조 사역은 지금도 계속된다고 주장하려고 애쓴 그의 의도를 알 수 있다. 창조자는 지금도 계속해서 창조하신다. 창세기에서 말하는 창조는 선하지만 완전하지는 않았다. 이레나이우스는 인간이 "어린아이 같다"고, 또 "정의와 하나님의 말씀을 아는 지식에서 자라가야"한다고 말함으로써(『사도들의 설교에 대한 논증』 12) 이 주장을 표명했다. 인간의 완전함은 자신의 목표에 도달하는 데 있는 것이 아니라 창조 과정의 특정 순간에 자기에게 정해진 모습대로 사는 데 있다는 뜻이다. 하나님의 목적은 창조 세계가 계시록에서 말하는 새 창조라는 목표를 향해 계속 나아가는 것이다. 죄가 그 과정에 침입했으며, 그 결과 역사가 하나님이 정하신 계획대로 완성을 향해 자라가야 하는데 뒤틀리고 기형이 되었다. 하나님은 창조 세계 전체가 최종 목적에 이르도록 계속 일하시면서, 이스라엘 백성을 지으시고 율법을 주셨으며 또 예수 그리스도를 통해 교회를 지으시고 성령을 주셨다. 이 모든 일이 계시록에 약속된 새 하늘과 새 땅에서 정점에 이른다. 이러한 맥락에서 창조를 이해하면, 하나님의 계획은 에덴동산에서 시작된 일이 하나님의 도성으로 이어지는 것이다. 달리 말해 인류 역사와 인류 문명의 과정은 비록 죄로 인해 뒤틀렸어도 여전히 하나님의 계획에 속한다.

이러한 다양한 해석들과 그에 상응하는 현대의 해석이 오랜 세월 공존해 왔지만, 창조 교리는 언제나 기독교 신앙의 기둥이었으며 이 기둥은 계속해서 철학자와 시인과 과학자들을 비롯해 많은 사람에게 공격을 받았다. 공격은 대체로 하나님의 창조 행위라는 개념 자체보다는 창세기 이야기를 구성하는 일부 요소들을 겨냥한다. 더 근래에는 만물이 6일 동안 창조되었다고 주장하는 사람들과 종의 진화를 주장하는 사람들 사이에서 다툼이 일어나 긴 세월 이어졌다. 6일 창조를 주장하는 사람들이 옹호한 것은 성경 본문에 나와 있는 그대로의 이야기가 아니라, 창세기 이야기에서 일부 요소들은 임의로 선택하고 자기네 전제에 맞지 않는 요소들은 무시해 버리고서 엮은 이론이다. 그리고 종의 진화를 주장하는 사람들은 소위 과학적 근거를 내세워 목적에 따른 창조라는 개념을 철저히 거부하였는데, 이는 과학의 한계를 벗어난 것이며 또 그 주장을 제대로 입증하지도 못한다.

이러한 논쟁은 새로운 것이 아니다. 어떻게 보면 이 논쟁들은 태양이 지구 둘레를 도는 것이 아니라 그 반대라는 주장이 나왔을 때 일어난 논쟁과 유사하다. 코페르니쿠스 체계가 처음 나왔을 때 교회의 지도자들 다수가 그러한 생각은 태양과 달이 멈추어 섰다고 주장하는 여호수아 10장과 모순되기 때문에 참일 리가 없다고 외쳤다. 훨씬 더 일찍부터 유사한 다툼이 있었는데, 그러한 사례를 아우구스티누스가 어떤 사람들이 자기네 무지를 숨길 요량으로 자기네 견해가 성경적이라고 주장하는 것을 보고 그들을 비판한 데서 볼 수 있다. 아우구스티누스는 그러한 주장을 단

초기 교회의 성경

순한 오류 정도가 아니라 기독교 신앙에 심각한 위협을 가하는 위험 요소로 간주했으며, 사실이 아닌 것을 사실처럼 보이게 해서 많은 영혼을 위험에 빠뜨린다고 보았다. 그는 이렇게 말한다.

불신자들은 이성과 경험을 통해 땅과 하늘과 나머지 세상에 관해 많은 것을 배운다. 그들은 천체의 운동과 회전, 크기와 거리를 안다. 또 일식과 월식, 1년과 시간의 순환, 동물과 열매와 돌과 기타 여러 가지를 잘 안다. 그런데 그리스도인이 이런 일에 관해 말하면서 자기 지식은 성경을 기초로 한다고 주장하는 행태는 창피하고 해로우며 무엇보다도 피해야 한다. 불신자가 그러한 엉뚱한 말을 들으면 비웃을 뿐이기 때문이다. 거기에서 생기는 해악은 그러한 조롱이 아니라, 우리 성서의 저자들이 그런 잘못된 견해를 옹호한다고 불신자들이 결론을 내리게 되는 것이다. 그 결과, 우리가 그들의 영혼의 건강을 위해 일할 때 그들은 오히려 우리를 무식하다고 판단하고 그렇게 취급하여 자기네 영혼에 큰 해를 끼치기까지 한다. 불신자이기는 하나 그 나름으로 완벽한 지식을 지닌 사람들이 그리스도인들을 오류에 빠진 사람들이요 자기네 주장을 성경에 근거한 것이라고 억지 부리는 사람들이라고 생각한다면, 우리 성경에서 죽은 자의 부활과 영생의 소망, 천국에 관해 가르치는 내용을 그들이 어떻게 믿을 수 있겠는가? 그들의 경험과 지식으로 미루어 보면 그리스도인이 말하는 것은 사실이 아니므로 그들은 우리의 성경도 거짓이라고 판단할 것이다. 그와 같은 그리스도인들이 자기가 말하는 것을 깊이 생각하지도 않은 채 오류가 없는 것으로 옹호하기 위하여 성경을 근거 삼아 자신의 주장을

13장. 중심 주제: 창조

지지한다거나 자신의 논점을 증명하려는 생각으로 성경을 인용한다면 말씀을 바람에 날려 버리는 것인데, 자기가 무슨 말을 하는지조차 이해 하지 못하기 때문이다. 이처럼 무모하고 주제넘은 그리스도인들이 성경 의 권위를 전혀 인정하지 않는 사람들에게 논박당할 때 신실하고자 애쓰 는 형제들에게는 이루 헤아릴 수 없는 안타까움과 불쾌감이 돌아온다.

『창세기 문자적 해석』 1.19.39, BAC 168:614 – 616

아우구스티누스 이후 천 년 이상 지난 16세기에 장 칼뱅이 비슷한 문 제에 직면했다. 천문학자들이 달보다 훨씬 더 큰 별과 행성이 많다는 사 실을 발견하기 시작했다. 그러면 성서가 틀린 것인가? 칼뱅의 답은 오늘 날 신자들이 과학과 신앙 사이의 첨예한 갈등을 다루고자 할 때 도움이 될 만하다.

성령께서는 천문학을 가르치고자 하지 않으셨으며, 아주 단순하고 교육 을 전혀 받지 못한 사람들도 잘 알 수 있게 가르치고자 모세와 여러 예 언자가 쉬운 말을 사용하게 하셨다. 그렇게 해서 아무도 난해하다는 평 계 아래 숨을 수 없게 하셨다. 잘 알다시피 사람들은 심오하거나 골치 아 픈 것과 씨름해야 하면 이해 불가능하다는 평계를 둘러대기 일쑤이기 때문이다.

『시편주석』 136. 7, 칼뱅 주석 전집 제6권 (Grand Rapids: Baker Book House, 1979), 184–185

어쨌든 우리는 만물의 시작으로서만 창조에 관심을 쏟고 성경 이야기들이 과학적 설명과 어떻게 다른지에만 관심을 집중함으로써, 하나님이 하신 만물 창조에 있는 다른 중요한 차원과 의미를 놓칠 때가 흔했다.

첫째, 우리는 창조가 하나님뿐 아니라 하나님이 창조하신 것과도 관계가 있음을 기억할 필요가 있다. 창세기 1장과 거기서 반복되는 "하나님 보시기에 좋았다"라는 주제를 얼핏 살펴보는 것만으로도 우리는 모든 창조 세계, 곧 존재하는 모든 것이 선하다는 결론에 이르게 된다. 여기서 '모든 것'이라는 말에 강조점을 두는 것이 중요하다. 이러한 논의에서, 고대 언어와 표현 양식을 다루는 연구자들뿐 아니라 성서학자들도 창세기가 "하늘"과 "땅"이라고 말할 때 그것은 두 가지 특별한 장소라든가 다른 영역과 섞여 있는 두 가지 영역을 가리키는 것이 아니라고 지적한다. "하늘과 땅"이라는 문구는 만물을 가리키는 것으로, 우리가 '킷 앤 커부들'(kit and caboodle, '전부'라는 뜻 - 옮긴이)이라고 말할 때 '킷'이라는 것이 있고 '커부들'이라는 것이 있으며 따라서 아직 포함되지 않은 다른 것이 있을 수 있다는 뜻이 아닌 것과 마찬가지다. 창세기에서 이 말은 하나님이 모든 것을, 곧 전체를 지으셨다는 뜻이다. 특히 대 바실리우스가 이 점을 분명하게 지적한다. "하나님은 양극단에 있는 둘의 이름을 부르심으로써 온 세상의 실체를 밝히시며, 하늘에는 우월한 특권을 주고 땅에는 버금가는 등급을 부여하신다. 그 중간에 있는 모든 존재는 양극단에 있는 둘과 동시에 창조되었다"(『창조의 6일』 1.7, *NPNF*² 8:56).

창조 세계의 선함은 유대교와 기독교 모두 인정하는 근본적 가치다. 하나님이 지으신 모든 것, 다시 말해 존재하는 모든 것이 선하다. 이것은

13장. 중심 주제: 창조

분명 악의 존재 문제와 연관된다. 모든 것이 선하다면 수많은 사람을 죽이는 바이러스는 어떻게 설명하겠는가? 오랜 세월에 걸쳐 신학자와 철학자들은 이 난감한 문제에 많은 답을 제시해 왔는데, 어느 것 하나 만족스럽지 않았다. 분명 악은 부분적으로나마 죄의 결과다. 하지만 하나님이 죄를 왜 허용하시느냐는 문제가 그대로 남는다. 우리는 기껏해야 악은 커다란 비밀("불법의 비밀")이요, 또 악을 온전히 설명할 수 없는 우리의 무능력이 악을 정말 악답게 한다고 말할 수 있을 뿐이다.

둘째, 창조 교리는 우주 안에 질서가 있음도 뜻한다. 사도신경에서 우리가 '전능하신'이라고 옮기는 그리스어는 '판토크라토르'(pantocrator)다. 이 말은 두 개의 어원에서 나왔는데, 하나는 '팬데믹'(pandemic)이나 '범신론'(pantheism)에서처럼 '모든'을 뜻하며, 다른 하나는 '민주주의'(democracy)이나 능력주의(meritocracy)에서처럼 '통치'나 '다스림'을 뜻한다. 그러므로 '천지를 만드신' 하나님을 '전능'하신 분으로 고백할 때 우리는 하나님이 원하는 것을 무엇이든 다 하실 수 있다고 주장하는 것이 아니라 존재하는 **모든** 것이 하나님의 통치 곧 **다스림** 아래 있다고 주장하는 것이다. 이 말은 죄와 악과 같은 것이 존재하지 않는다는 뜻이 아니다. 만물에는 질서가 있다는 뜻이다.

만물을 아우르는 질서라는 개념이 없다면 현대 과학은 불가능할 것이다. 오늘날, 우리는 오랜 세월에 걸친 과학 발전의 혜택을 누리며 살기에 유일신론이 자연 질서 개념과 결합하여 인류 역사 과정에 끼친 엄청난 영향을 간파하기가 쉽지 않을 수 있다. 다신론 세계에서는 무슨 일이 일어나든 신들의 변덕과 신들 사이의 갈등으로 설명된다. 비가 내린다면 비의 신이 햇빛의 신보다 큰 힘을 발휘하기 때문이며, 해가 빛난다면 그와 반대이기 때문이다. 반면에 만물을 다스리는 신이 창조한 세상에는 질서가 존재하며, 또 우리 정신도 그러한 창조 세계의 일부인 까닭에 정신의 질서와 세상의 질서가 상호관련성이 있게 되어 부분적으로나마 세상을 이해할 수 있게 된다. 그래서 오늘날 많은 사람이 과학과 창조론 사이에는 극복할 수 없는 틈이 있다고 여기지만 사실은 과학적 관념을 밑에서 튼튼히 받쳐 주는 것이 창조론에서 가르치는 유일신론이다.

셋째, 창조 교리에서는 존재하는 모든 것이 선하다고 주장하면서도 다른 한편으로는 그 가운데서 어떤 것도, 또 그것들을 전부 합쳐도 하나님은 아님을 분명히 한다. 존재하는 것은 신성에서 유출된 것이 아니다. 하나님은 창조하실 때 하나님이 아닌 또 다른 실재를 만들어 내신다. 피조물이 자신의 창조자를 나타내기는 하지만 피조물과 창조자 사이에는 메울 수 없는 간극이 있다. 이 사실을 분명히 밝혀야 하는 까닭은, 우상숭배의 가장 흔한 형태가 바로 창조된 존재를 마치 신이나 되는 것처럼 치켜올리는 것이기 때문이다.

마지막으로, 기독교에서 창조에 관해 성찰한 결과로 신학자들은 곧바로 하나님이 무에서(ex nihilo) 우주를 만드셨다고 주장하게 되었다. 이말을 창조 이전에 '무'(無, nothing)라는 것이 존재했다는 서술로 보아서는 안 되는 까닭은, '무'는 어쨌든 우리의 지성으로는 파악하기에는 너무나 추상적이기 때문이다. 오히려 이 말은 만물이 하나님 덕분에 존재하며 따라서 아무리 선한 것이라고 해도 궁극적 실재라고 볼 수 없다는 말을 달리 표현한 것이다. 카이사레아의 바실리우스는 이 사실을 다음과 같이 말했다. "물질이 창조된 것이 아니라면 그것은 하나님과 동등한 지위에 있음이 확실하므로 하나님과 동일한 영광을 주장할 권리가 있다. 극단적인 기형, 곧 아무런 특성도 없고, 형태 곧 모양도 없고, 외형도 없는 추함이 그들의 말대로 지혜와 권세와 아름다움 자체이신 하나님과 똑같은 특권을 누린다면 그것이야말로 최고의 악이 아닌가?"(『창조의 6일』 2.2, *NPNF² 8:59*)

14장
중심 주제: 이집트 탈출

구약을 통독해 보면 이집트 탈출 이야기가 히브리 신앙의 중심에 있음이 명백해진다. 전통적 유대교 시각에서, 하나님이 역사에 개입하시는 위대한 구원 행위의 전형은 이집트의 굴레에서 이스라엘을 구출하신 일이다. 시편 기자는 하나님이 "바다를 갈라서 물을 강둑처럼 서게 하시고, 그들을 그리로 걸어가게 하셨다. 낮에는 구름으로, 밤에는 불빛으로 인도하셨다. 광야에서 바위를 쪼개셔서, 깊은 샘에서 솟아오르는 것같이 물을 흡족하게 마시게 하셨다. 반석에서 시냇물이 흘러나오게 하시며, 강처럼 물이 흘러내리게 하셨다"(시편 78:13-16)고 이스라엘에게 상기시키는 것으로 하나님의 신실하심을 찬양한다. 시편 여러 곳에 비슷한 선언이 나온다. 예를 들어 시편 80, 105, 106, 135, 136편을 보라. 이들 노래는 하나님이 이스라엘을 이집트에서 구원하시고 광야에서 보살피신 역사를 찬양한다. 이집트 탈출 이야기는 이스라엘 백성의 정체성을 나타냈고 지금도 나타낸다.

이스라엘 백성이 포로로 있으면서 고향으로 돌아가기를 꿈꿀 때 이사야는 하나님이 이집트 탈출에 크게 개입하신 일을 상기시키고 또 다음과 같은 질문으로 그 이야기를 기억하게 한다. "그들[이스라엘 백성]에게 그의 거룩한 영을 넣어 주신 그분이, 이제는 어디에 계시는가? 그의 영광스러운 팔로, 모세를 시켜서, 오른손으로 그들을 이끌게 하시며, 그들 앞에서 물을 갈라지게 하셔서, 그의 이름을 영원히 빛나게 하신 그분이 이제는 어디에 계시는가? … 그들을 깊은 바다로 걸어가게 하신 그분이, 이제는 어디에 계시는가?"(사 63:11하-13). 바로 그 하나님이 이제 광야에서 외치는 목소리를 통해, 전에 바다를 가르고 길을 내셨듯이 사막에 곧은 길을 내시겠다고 약속하신다.

이처럼 이집트 탈출을 예표론적으로 이해하는 견해는 신약 시대부터 기독교에 들어와 계속되었다. 세례 요한을 광야에서 외치는 소리로 보았는데, 흔히 이것을 아무도 귀 기울이지 않으리라는 뜻이라고들 생각하지만, 그보다는 이사야처럼 요한도 하나님이 펼치시는 해방의 곧은 길을 선포하고 있다는 뜻이다(요 1:23). 유월절 어린 양의 피가 이스라엘의 장자들을 구원했듯이 예수는 "세상 죄를 지고 가는 하나님의 어린양"(요 1:29)이다. 예수는 하나님의 어린양으로서 유월절에 희생되었다. 모세가 이집트의 굴레에서 이스라엘을 구원했듯이, 예수는 부활을 통해 자기를 따르는 이들을 죄와 죽음의 굴레에서 해방시키셨다. 바로 이러한 이유로 바울이 "우리들의 유월절 양이신 그리스도께서 희생되셨습니다"(고전 5:7)라고 단언할 수 있었다. 그리고 수많은 예표론적 해석이 여기에 더해졌다. 이를테면, 이스라엘이 광야에서 40년을 보냈듯이 예수도 광야에서 40일을 보냈다. 이스라엘 자손이 바닷물을 가로질러 구원받았듯이 예수

초기 교회의 성경

를 따르는 이들도 세례의 물을 지나가야 한다. 뱀이 광야에서 높이 달렸듯이 예수도 십자가에 달리셨다. 하나님이 이스라엘을 이집트에서 불러내셨듯이 예수를 이집트에서 불러내셨다. 계시록에 묘사된 언급된 역병과 재앙은 이집트의 역병을 본뜬 것이 분명하다.

초기 그리스도인들은 이스라엘에게 배운 것을 따르면서, 자기네 신앙은 이집트 탈출 시대부터 이스라엘 역사 전체에 걸쳐 예표론적으로 선포된 것의 성취라고 해석하였다. 이것을 토대로 성경 해석뿐 아니라 그리스도인의 예배가 모양을 갖추었다.

고대 기독교의 탁월한 지도자들의 글을 대충 훑어보기만 해도 이집트 탈출 이야기에 대한 이런 예표론적 해석이 널리 퍼졌음을 확인할 수 있다. 아를의 케사리우스는 모세의 유아기를 다룬 출애굽기 2:10을 주석하며 이렇게 말한다.

친애하는 여러분, 만일 우리가 주의 깊게 살펴본다면, 복된 이삭과 요셉과 야곱처럼 모세도 그리스도의 예표임을 알게 됩니다. 조금만 더 집중해서 살펴보십시오. 그러면 모세 안에 커다란 비밀이 예시된 것이 보입니다. 모세는 유대인 여자에게서 태어나 파라오의 딸의 양자가 되었습니다. 파라오의 딸은 교회를 예시하는데, 자기 아버지의 집을 떠나서 몸을 씻고자 물로 왔기 때문입니다. 파라오를 마귀의 예표로 받아들이면, 앞서 말한 대로 파라오의 딸은 교회라고 이해할 수 있습니다.… 아버지 하나님은 교회에게 자기 아버지인 마귀에게서 떠나라고 권고하십니다. 그래서 교회는 아버지인 마귀를 떠나 물, 곧 세례의 물로 서둘러 달려가서 자

14장. 중심 주제: 이집트 탈출

기 아버지의 집에서 감염된 죄를 깨끗이 씻어 내야 합니다.

『설교집』 95.1, FC 47:65

일찍이 2세기 말에 이레나이우스는 시내산에서 모세가 아니라 그리스도 자신이 율법을 주셨다고 주장했다. 이레나이우스는 모세의 이야기를 바울이 "그리스도는 율법의 끝마침"이라고 선언하는 로마서 10:4에 비추어 해석하면서 이렇게 주장하였다.

> 그리스도께서 율법의 목적인(目的因, final cause)도 아니라면 어떻게 율법의 끝마침이 되시는가? 끝을 이루신 그분이 처음도 시작하셨기 때문이다. 바로 그분이 친히 모세에게 "내가 이집트에 있는 나의 백성이 고통받는 것을 똑똑히 보았고 그래서 그들을 구원하기 위해 내려왔다"라고 말씀하셨다. 고통당하는 사람들을 구원하시고자 오르내리시는 것은 하나님의 말씀이신 분이 태초부터 늘 하시는 일이다.
>
> 『이단들을 반박함』 4.12.4, ANF 1:476

초기 기독교에서는 이집트 탈출 이야기의 큰 사건만 예표론적으로 해석하지는 않았다. 정말이지 그 이야기의 세세한 내용에도 예표론을 자주 적용했다. 모세의 지팡이에 대한 아를의 케사리우스의 주석에서 이 사실을 확인할 수 있다.

> 친애하는 여러분, 그 지팡이는 십자가의 비밀을 예시합니다. 그 지팡이

때문에 이집트가 열 가지 재앙을 받았듯이, 십자가 때문에 온 세상이 수치를 당하고 정복됩니다. 파라오와 백성이 지팡이의 능력 때문에 고통을 겪었으며 결국 유대인들을 풀어주어 하나님을 예배할 수 있게 했듯이, 마귀와 그의 사자들은 십자가의 비밀 때문에 고통당하고 무너졌으며 그 결과 그리스도인들이 하나님을 예배하는 일을 방해할 수 없을 정도가 되었습니다.

『설교집』 95.5, FC 47:67 – 68

이와 유사하게 테르툴리아누스도 같은 장(출 4장)에 나오는 모세의 손을 부활의 징표로 해석한다.

그러나 우리는 예언이 말 못지않게 사물을 통해서도 나타난다는 사실을 안다. 말로, 또 행동으로 부활이 예시된다. 모세가 자기 손을 품에 넣었다가 꺼내니 죽은 상태가 되고, 다시 손을 품에 넣었다가 빼자 되살아났는데, 이것은 모든 인류에게 적용되는 전조가 아닌가?

『몸의 부활에 관하여』 28, ANF 3:565

이집트 탈출 이야기를 좀 더 살펴보면, 테르툴리아누스와 케사리우스 모두 마라의 쓴 물을 예표론적으로 해석한다.

물이 쓴맛으로 변질된 상태에서 모세의 나무 덕분에 본래의 신선한 상태로 회복되었다. 그 나무는 그리스도이시며, 전에 독에 오염되어 쓴맛이

나던 본성의 **성질**이 그분의 능력을 힘입어 효험이 탁월한 세례의 **물**로
회복되었다.

테르툴리아누스, 「세례에 관하여」 9, *ANF* 3:673

친애하는 여러분, 어제 하나님의 말씀을 낭독할 때 이스라엘 자손이 홍
해를 건넌 후 마라 곧 쓴 물에 도달한 일을 들었습니다. 그 물이 써서 사
람들이 마실 수 없었기에 주께서 모세에게 어느 나무를 보여주셨고 모세
가 그것을 물에 던져 넣어 단물로 바꾸었습니다. 모세가 물에 던져 넣어
단물로 바뀌게 한 나무를 하나님이 모세에게 보여주신 것이 참으로 이상
합니다. 하나님이 모세에게 그 나무를 보여주신 결과를 보면, 마치 하나
님이 그 나무 없이는 물을 단물로 만들 수 없으셨다거나 아니면 모세가
그 나무를 알지 못했던 것처럼 보입니다. 이제 우리는 이 사안에서 내적
감각으로 무엇을 제대로 파악해야 하는지 알아야 합니다. 홍해는 세례라
는 성례전을 뜻하고, 쓴 물은 율법의 조문을 가리킵니다.

케사리우스, 「설교집」 102.1 - 2, FC 47:103 - 104

비슷한 사례가 수백 개에 달하므로 찾아보기는 어렵지 않다. 여기서
중요한 것은 특정 본문이나 사건에 대한 해석이 아니라, 초기 그리스도인
이 이스라엘의 이집트 탈출과 뒤이은 광야 시대의 역사를 읽으면서 거기
서, 곧 역사의 굵직한 흐름뿐만 아니라 세부 내용에서도 예수의 구원 사
역을 가리키는 표징을 발견했다는 것이다.

고대 그리스도인들은 유월절과 이집트 탈출을 성경 해석의 영역뿐 아

니라 교회의 예배에도 중요한 요소로 받아들였다. 이집트 탈출을 기념하는 유월절은 이스라엘의 예배 전통에서 중심을 차지했다. 유월절은 이집트의 장자들이 죽어 나갈 때 이스라엘 백성은 자기 집 문에 어린 양의 피를 발라 장자를 죽음에서 구하고 그 결과 이집트를 벗어난 날을 기념하고 재연하면서 어린 양의 고기와 여러 음식을 나누는 큰 기념행사였다. 유월절 식사를 하는 이유가 바로 이것이며, 이 식사의 목적은 유월절 사건을 기념할 뿐 아니라 이스라엘의 미래 세대가 자기 민족의 역사와 더불어 하나님이 그들에게 해주신 일을 마음에 확실하게 담아 두게 하는 것이었다.

그리스도인들에게 이집트 탈출이라는 예표의 의미는 옛 이스라엘이 어린 양을 힘입었듯이 그리스도인들의 예배는 세상 죄를 지고 가시는 그 어린양을 힘입어 죄와 사망의 노예살이에서 벗어나 새 백성의 일원이 되는 길이라는 것이었다. 바울은 그리스도가 우리의 유월절 양이라고 선포하여 이 모든 것을 간략하고 힘있게 표현했다. 그리스도인들이 한 주간의 첫째 날 - 어린양이 부활한 날 - 에 함께 모여 이스라엘 옛 전통을 생각나게 하는 식사를 나누는 일은, 어린양의 능력으로 죄와 죽음의 노예 상태에서 해방된 하나님 백성의 역사와 정체성을 확인하고 선언하는 것이다. 이것이 오늘날까지 많은 교회가 성찬례를 거행하면서 "세상 죄를 지신 하나님의 어린양이시여, 우리에게 자비를 베푸소서" 하고 기도하는 이유다. 이 기도는 오랜 세월 이어 온 유대인의 유월절 축제에다 세례 요한이 예수를 가리켜 첫 유월절 어린 양처럼 사람들을 구원하기 위해 죽으신 어린양이라고 한 말을 결합했다. 주의 만찬을 기념하는 일은 분명 이집트 탈출 역사와 거기에서 도출한 예표론과 밀접하게 얽혀 있다.

마찬가지로 홍해를 건넌 일이 해방을 실행하는 것이었고 요단강을 건넌 일이 약속의 땅에 들어가는 것이었기에 전통적으로 세례는 예수께서 죽음에서 생명으로 돌아와 지옥문을 연 날을 기념하는 부활의 일요일에 시행하였다. 성찬례의 빵이 광야의 만나와 연결되었듯이, 세례의 물은 사람들이 자유를 찾아 건너는 홍해의 물과 또 약속의 땅으로 들어가고자 건너는 요단강의 물과 연결되었다.

이 모든 것은, 고대 교회의 신학과 예배는 교회와 이집트 탈출의 예표론적 연관성이라는 핵심 원리를 살펴보고서야 제대로 이해할 수 있다는 뜻이다.

15장
중심 주제: 말씀

요한복음은 예수를 사람의 몸을 입은 하나님 말씀으로 표현한다. 우리가 사용하는 모든 성경에서 "말씀"이라고 옮기는 그리스어 단어는 로고스(*Logos*)다. 로고스라는 말은 의미가 다양하고 각 의미가 서로 얽히고설킨 데다 미묘하게 차이가 나는 까닭에 번역하기가 쉽지 않다. 간단히 말하면 로고스는 '말', '이성', '담화', '질서'를 뜻한다. 고대에 그리스어를 구사하던 철학자들은 이 용어에 담긴 여러 미묘한 의미를 이용해서 정신, 질서, 정의, 지혜와 같은 개념들 사이의 관계를 설명했다. 따라서 철학자들이 로고스에 대해 말하는 것은 드문 일이 아니었다.

로고스라는 말이 철학에서 널리 사용된 까닭에, 요한복음 앞부분에서 이 말이 반복적으로 사용되는 것을 본 사람들은 제4복음서가 주변 세상의 철학 사조를 이용해 예수의 삶과 메시지를 해명하고 그것을 이방인들에게 좀 더 설득력 있게 제시하고자 시도한 것이라고 결론지었다. 그래서 이 특별한 복음서가 다른 복음서보다 '더 철학적'이라거나 '더 그리스적'이라고들 말한다. 하지만 성서학자들은 이 복음서에서 로고스에 관해 말하는 내용의 상당 부분이 고대 히브리 문헌에서 지혜에 관해 말하는 내용과 유사하다고 지적했다. 예를 들어 잠언 8장을 읽어 보면, 잠언에서 지혜에 관해 말하는 많은 내용이 요한이 로고스에 관해 말하는 것과 같다는 사실을 알 수 있다. 물론 잠언에서는 요한이 로고스에 관해 말하는 것처럼(요 1:14) 지혜가 몸이 되었다고 말하지는 않는다. 그러므로 흔히 요한복음의 '도입부'라고 불리는, 요한복음 처음 몇 구절은 사실 헬레니즘보다는 히브리 전통의 영감을 훨씬 더 많이 받은 찬양일 가능성이 다분하다.

하지만 분명 제4복음서에서 말씀에 관해 말한 내용을 그 시대의 철학 사상에 비추어 해석하기 시작한 그리스도인들이 일찍부터 있었으며, 여기에서 성서 전통과 그리스·로마 문화 사이에 일종의 가교가 되는 로고스 교리가 나왔다.

고대 그리스 철학에서는 우주 안에 왜 질서가 존재하고 또 그 질서가 왜 우리 정신 안의 질서와 상응하는지를 설명하는 데 로고스 개념을 사용하였다. 천체의 복잡한 운동 전체를 지배하는 세상의 질서가 로고스의 작용이다. 천체의 궤도를 로고스 곧 만물의 질서를 세우는 원리가 정해 놓지 않았다면 천체가 현재처럼 움직일 필연성이 없다. 게다가 이 질서는 우리의 정신에도 새겨져 있다. 우리의 정신이 우리에게 2 더하기 2는 4라고 말할 경우, 우리는 이것을 우리 정신 외부의 사실을 통해 확인할 수 있으면 참이 될 수 있다고 생각한다. 그리고 그런 절차를 거쳐 그것이 사실임을 확인하게 된다. 돌 두 개에 돌을 두 개 더하면 돌 네 개가 된다. 사과 두 개에 사과를 두 개 더하면 사과 네 개가 된다. 이런 식으로 우리는 세상에서 경험하는 모든 일에서 그 사실을 확인한다. 우리는 이 사실에 매우 익숙해서 전혀 놀라지 않는다. 하지만 시간을 두고 가만히 살펴보면, 우선 세상 속의 질서 그 자체가 설명이 필요하며, 둘째 그 질서와 우리 정신의 사고 과정 사이의 유사성도 설명이 필요함을 알 수 있다. 바로 이 지점에서 그리스 철학자들은 로고스 이론 또는 교리에 호소했다. 로고스는 정신적인 것과 물질적인 것을 포함한 모든 실재의 바탕을 이루는 이성 혹은 질서다. 예를 들어 2 더하기 2는 4처럼 이성이 우리에게 말해 주는 것이 우리 정신 밖의 세상에서도 참이라고 확인되는 이유는 바로 이렇게 바탕에 놓인 질서 때문이다. 바로 이것이 오늘날 우리가 어느 것이 '논리적'(logical)이라고, 곧 그것에 로고스(Logos)가 있다고 말하는 이유다. 만일 어느 것이 비논리적이라면, 사리에 맞지 않는다면, 모든 실재의 바탕을 이루는 질서에 어긋나기 때문이다.

1세기에 들어와 철학자들은 이 로고스 개념을 더욱 발전시켰다. 로고스는 전체 우주를 떠받치는 질서에 불과한 것이 아니라 인간 정신 속으로 들어와 지식을 제시하는 능동적인 힘이기도 하다. 우리가 아는 것은 관찰하기 때문만 아니라 로고스가 우리에게 가르쳐 주기 때문이기도 하다. 따라서 로고스는 바탕을 이루는 질서인 동시에 정신을 그 질서 쪽으로 이끌어가는 힘이다.

이러한 배경에서, 로고스 철학 전통과 요한복음 앞부분의 말씀을 결합한 고대 그리스도인들은 곧바로 예수 그리스도 안에서 몸을 입으신 그분이 바로 모든 피조물을 지으시고 그 모두를 합리적이고 신뢰할 만하고 **논리적**이게 만드시는 질서라고 주장하게 되었다. 이 견해는 2세기 때 사람들이 기독교에 대해 비판을 퍼붓던 형편에서 기독교 신학자들이 활용할 중요한 무기가 되었다. 일반 대중 사이에는 기독교를 일종의 광기요 무지한 사람들에게서 흔히 보이는 광신으로 여기는 견해가 널리 퍼져 있었다. 그런 생각이 그릇된 것임을 입증하는 데 힘쓴 그리스도인들이 오늘날 주로 '그리스 변증가'라고 불리는 사람들인데, 이들은 신앙을 변호하는 논증에 로고스에 관한 철학적 관점을 이용했다. 잠언 8장과 여러 히브리 지혜 문헌들에서는 지혜를 가리켜 창조자가 만물을 지을 때 이용한 바로 그 질서라고 주장하기 때문에, 이 변증가들이 로고스에 관한 그리스 개념들을 차용한 것이 성서적 전통에서 멀리 벗어난 일은 아니었다.

이들 기독교 저자 중에서 탁월한 인물이 순교자 유스티누스다. 요한복음에서는 로고스에 의해 만물이 지어졌을 뿐 아니라 이 로고스가 "모든 사람을 비추는 참 빛"이라고 말하므로, 참 빛이나 참된 지식이 발견되는 곳이라면 어디서나 그 빛과 지식이 성육신으로 말미암아 드러나는 하나님의 말씀 곧 로고스에게서 왔다고 주장할 수 있다. 유스티누스의 주장은 이렇다.

우리는 그리스도께서 하나님의 맏아들이라고 배웠으며 또 그분이 모든 인종과 함께하시는 말씀이라고 선포해 왔습니다. 그리고 이 이성을 따라 사는 사람들은, 비록 무신론자라 불린다고 해도 그리스도인입니다. 예를 들어, 그리스 사람들 가운데 소크라테스, 헤라클레이토스, 그외 이들과 같은 사람들이 그렇습니다. 그리고 야만인 가운데는 아브라함, 아나니아, 아사랴, 미사엘, 엘리야, 그 외에도 여기서 이름과 행동을 일일이 밝히면

장황해질 테니 말하지 않겠지만 많은 사람이 더 있습니다. 그래서 그리스도 이전에 이성 없이 살았던 사람들은 악하고 그리스도께 적대적이었으며, 이성을 따라 사는 사람들을 살해하였습니다. 그러나 이성적인 사람이라면, 그분이 말씀의 능력으로 말미암아 만유의 주이신 아버지 하나님의 뜻을 따라 동정녀에게서 인간으로 태어나시고 예수라는 이름을 얻으셨으며 십자가에 달려 죽으고 다시 살아나셔서 하늘로 올라가셨다는 사실을 이미 널리 전해진 말을 통해 깨달을 수 있을 것입니다.

『제1변증서』 46, *ANF* 1:178

이렇게 해서 그리스도인들은 그리스·로마 철학의 정수가 자기네 유산이기도 하며, 또 그것은 예수 안에서 몸을 입은 로고스가 자기들에게 물려준 것이라고 주장할 수 있었다. 철학에 대해 이렇게 주장함으로써 그리스도인들은 철학을 토대로 삼아 자신의 신앙을 이해하는 길을 열 수 있었다. 이 견해가 더 발전하여, 유스티누스 이후 몇십 년이 지난 2세기 후반에 이르러 알렉산드리아의 클레멘스는 예수 그리스도에게 이르는 두 가지 언약, 곧 두 가지 길이 있다고 주장하였다. 이 가운데 하나가 이스라엘이 받은 율법이라는 언약이다. 다른 하나는 그리스 사람들이 받은 철학이라는 언약이다. 그때 이후로, 몇 가지 두드러진 예외가 있기는 하나 대다수 기독교 신학자가 신앙과 문화 사이에 다리를 세우는 작업에서 이와 유사한 방식을 따랐다.

이 주제와 관련해 가장 널리 알려진 견해는 아우구스티누스에게서 나왔다. 아우구스티누스는 요한복음 도입부가 그리스 철학과 밀접하게 연관되어 있다고 단언하면서도 다른 한편으로는 성육신과 예수 그리스도를 통한 구속의 교리에서 기독교 고유의 특성을 볼 수 있다고 주장한다.

> 여러 가지로 판단해 볼 때 나는 거기서[플라톤주의 철학자들의 책에서] 표현은 동일하지 않아도 분명 다음과 같은 의미로 말하고 있는 것을 발견했습니다. "태초에 말씀이 계셨다. 그 말씀은 하나님과 함께 계셨다. 그 말씀은 하나님이셨다. 그는 태초에 하나님과 함께 계셨다. 모든 것이 그로 말미암아 창조되었으니, 그가 없이 창조된 것은 하나도 없다." 또 그분이 지으신 것은 "생명"인데 "그 생명은 사람의 빛이었다. 그 빛이 어둠 속에서 비치니, 어둠이 그 빛을 이기지 못하였다"는 내용도 읽었습니다. 그리고 인간의 영혼이 "그 빛을 증언"하지만, 그 자신이 "빛은 아니다"라는 내용과 하나님의 말씀은 하나님이시며 참 빛이신데 "그 빛이 세상에 와서 모든 사람을 비추고 있다"는 말과 "그는 세상에 계셨다. 세상이 그로 말미암아 생겨났는데도, 세상은 그를 알아보지 못하였다"도 있습니다. 하지만 나는 거기서 "그가 자기 땅에 오셨으나, 그의 백성은 그를 맞아들이지 않았다. 그러나 그를 맞아들인 사람들, 곧 그 이름을 믿는 사람들에게는, 하나님의 자녀가 되는 특권을 주셨다"는 것은 발견하지 못했습니다.
>
> 『고백록』 7.9.13, *NPNF*¹ 1:107-108

달리 말해, 플라톤주의는 로고스가 예수 안에서 성육신했다는 사실을 빼고는 요한의 도입부와 동일한 것을 말한다고 볼 수 있다. 기독교 전통에 속한 많은 사람에게도 그렇지만 특히 아우구스티누스에게 이것은 엄청난 차이점인데, 하나님이 그리스도 안에서 성육신한 일은 기독교 신앙의 핵심 토대이기 때문이다.

여기서 우리는 그리스도인들이 신앙을 그리스 및 여러 문화와 연관시키기 위해 로고스 교리에 의지해 왔지만 그러지 못한 때도 있었다는 사실을 기억할 필요가 있다. 안타깝지만 기독교 확장의 역사를 살펴보면, 그리스도인들이 제압할 수 없었던 민족의 문화와 다리를 놓을 때만 로고스 이론이 동원되었다는 일반적 특성을 확인할 수 있다. 이를 잘 보여주는 사례가 마테오 리치와 예수회 동료들의 중국 선교 활동이다. 리치는 중국 지성인들에게 현자로 인정받을 정도로 중국 문화를 이해하고 긍정적으로 받아들이기 위해 애썼다. 다른 한편, 유럽인이 아메리카 대륙을 정복한 사례를 살펴보면, 마치 그 땅에는 로고스가 전혀 존재하지 않았다는 듯이, 또 마치 유럽 사람들만 로고스를 깨달았다는 듯이 이미 그 지역에 존재하던 문화를 무시해 버렸다. 마찬가지로 아프리카 사하라 이남 지역은 무지의 땅이라고들 했으며, 그 대륙에 '문화'를 전파하는 일이 식민주의를 정당화하고 노예제도까지도 정당화하는 데 쓰였다.

로고스 전통이 기독교 신학에서 중요한 역할을 맡게 된 정황이 하나 더 있으니 바로 삼위일체를 둘러싸고 벌어진 논쟁과 때로는 폭언까지 오간 대화다. 제4복음서에 따르면 하나님의 로고스는 모든 빛이나 지식의 원천에서 끝나는 게 아니라, 사실상 로고스 자체가 하나님이다. 기독교 역사의 초기 몇 세기 동안 큰 힘을 발휘한 플라톤주의에서는 로고스를 절대 변하지 않는 선과 아름다움의 최고 이데아와, 변하는 세상에 존재하는 실재들 사이에 있는 중간 존재로 보았다. 플라톤의 대화편들에 따르면, 변하지 않는 것과 변하는 것 사이, 곧 형언할 수 없고 변하지 않는 지고한 존재와 변하고 불안정한 것이 특징인 이 세상 사이에 중간 존재가 있어야 하며, 후기 플라톤주의에 이르러서는 이러한 면을 훨씬 더 강조하였다. 흔히 데미우르고스라고도 불리는 이 중간 존재는 지고한 존재의 아름다움에서 영감을 끌어와서 세상에 존재하는 모든 것을 창조하는 행위자(agent)다. 기독교 사상가와 저술가 다수가 플라톤주의자들의 방식을 따라 변하지 않는 하나님, 곧 지고의 존재라는 관념을 선뜻 받아들였기 때문에 어떻게 불변하는 것이 변하는 것과 관계를 맺을 수 있는지, 곧 어떻게 하나님이 세상과 관계를 맺을 수 있는지를 해명해야 하는 난제에 직면했다. 어떤 사람들은 이 난제에 답하여 제4복음서에서 말하는 로고스가 불변하는 하나님과 변하는 피조물 사이의 중재자, 일종의 다리, 곧 데미우르고스라고 주장했다. 이것은 불변하는 하나님이 아니라 하나님의 말씀 곧 로고스가 세상과 직접 관계를 맺는다는 의미일 것이다. 이 견해에 따르면 이스라엘의 역사와 성서 속에서 일하고 계시되는 분은 아버지 하나님이 아니다. 또 역사에 개입하는 이도 아버지 하나님 곧 지고의 존재가 아니다. 그와는 달리 세상 속에서 일하고 역사에 개입하며 인간에게 계시되는 분은 하나님의 말씀, 곧 로고스다. 한마디로 말해, 로고스 곧 하나님의 말씀은 하나님이 아니지만 모든 피조물을 능가하는 일종의 중간자가 되었다.

이 견해에 따르는 문제는 말씀 곧 로고스인 하나님의 아들이 불변하는 아버지에 비해 열등하게 되어야 한다는 점이다. 그리스도인들은 처음

초기 교회의 성경

부터 하나님의 아들을 예배했다. 그런데 이제 어떤 사람들이 나서서 아들은 아버지만큼 참 하나님은 아니라고 주장했다. 그중에서도 특히 알렉산드리아의 사제 아리우스가 이 이론을 주장하고 옹호한 반면, 알렉산드리아의 주교 알렉산드로스를 비롯해 대다수 교회 지도자들은 이러한 견해를 강하게 거부하였다.

요점을 말하자면, 앞서 언급한 플라톤주의의 영향을 받아 하나님의 아들을 하나님과 세상 사이에서 매개하는 존재로 보는 데는 의견이 일치했다. 그런데 만일 누군가 나서서 창조자와 피조물 사이에 어디다 선을 그어야 하느냐고 묻는다면, 아리우스파 사람들은 아들이 피조물에 속한다고 주장하는 데 반해 알렉산드로스와 니케아 공의회는 아들이 완전한 하나님이심을 주장한다.

325년에 아리우스주의에 맞서 니케아 공의회가 열렸지만 다툼을 마무리 짓지 못했으며, 그런 탓에 논쟁이 이어지면서 뜨거워지고 쉽사리 끝나지 않았다. 이 글이 그 논쟁 과정과 거기에 연관된 정치적인 쟁점을 살피는 자리는 아니지만 콘스탄티누스의 계승자인 콘스탄티우스가 아리우스주의를 선호하고 지지했음을 인식하는 것이 중요하다. 381년에 콘스탄티노플에서 2차 공의회가 열려서 니케아에서 결의한 사안을 재차 결의하고 발전시켰다.

이러한 논쟁의 결과가 지금도 여러 면에서 기독교의 예배에 나타난다. 많은 교회에서 송영으로 부르는 '영광송'은 아버지와 아들과 성령의 동등한 신성을 강조하면서, "태초에도 지금도 그리고 영원토록" 삼위 하나님에게 영광이 있으리라고 선포한다.

많은 교회에서 널리 고백하는 니케아 신조에서도 동일한 내용을 주장한다. 물론 니케아 신조라는 이름으로 고백하는 것이 니케아에서 단호히 선언한 신조와 정확히 일치하지 않으며 381년에 열린 콘스탄티노플 공의회에서 추가한 내용이 많이 들어 있기에 정확하게는 니케아-콘스탄티노플 신조라고 불러야 한다. 니케아 신조에서는 다음과 같은 몇 가지 선언을 통해, 아리우스주의의 위협적 요소를 분명하게 밝힌다. "영원히 아버지로부터 나시고, 하나님으로부터 오신 하나님이시며, 빛으로부터 오신 빛이시며, 참 하나님으로부터 오신 참 하나님이시며, 창조되지 않고 나신 분이며, 아버지와 동일 본질을 지니시며…."

우리 그리스도인들은 그 논쟁의 세부적인 내용은 접어 두고 요한복음을 따라서, 주 예수 그리스도는 하나님이 "…이 있으라"고 말씀하셨을 때 거기 계셨고, 세례 요한이 그분을 가리켜 "세상 죄를 지고 가는 하나님의 어린양"이라고 불렀을 때 거기 계셨으며, 오늘 우리가 그분을 부를 때 우리 가운데 계시고, 또 마지막 날에 큰 혼인 잔치가 열릴 때면 거기서 우리를 반갑게 맞으실 말씀, 곧 로고스라는 사실을 믿노라고 분명하게 단언할 수 있다.

16장
과거의 교훈과 미래의 약속

고대 교회에서 성경이 형성된 역사와 그 성경이 오랜 세월을 거쳐 우리에게 이른 과정을 개관할 때 과거에서 배워야 할 교훈과 미래를 위한 약속이 분명하게 드러난다. 더 나아가 과거에서 얻은 교훈을 숙고하다 보면 그 교훈이 곧바로 미래에 대한 약속으로, 아니면 적어도 제안이나 희미한 암시로 바뀐다. 이러한 교훈과 약속은 방대한 신학 논문으로 다루어야 할 내용이겠으나 최대한으로 축약하면 본질상 세 가지로 정리할 수 있다.

첫째 교훈은, 성경을 우리에게 물려주고자 여러 세대에 이어 애쓴 이들이 없었더라면 성경이 우리에게 이르지 못했을 것이라는 사실이다. 바울은 갈라디아 사람들에게 편지를 쓰면서 필경사가 받아쓴 것이 분명한 그 서신에 개인적인 주를 덧대 "보십시오, 내가 여러분에게 직접 이렇게 큰 글자로 적습니다"(갈 6:11)라고 말한다. 그런데 우리가 사용하는 성경을 보면 어떤 판본이든 갈라디아서 6:11의 그 글자가 나머지 본문과 동일한 크기로 적혀 있다. 갈라디아서의 최초 사본이 만들어졌을 때도 이미 글자 크기의 차이는 사라졌을 것이다. 다시 말해 우리에게는 이 서신

(성경의 어떤 책이든 마찬가지다)의 친필 본문이 남아있지 않으며, 우리에게 있는 것은 바울의 가르침을 좀 더 많은 사람과 공유하기를 원했던 이러한 초기 필사자들의 관심과 헌신의 결실이다. 그러므로 명심해야 할 첫째 교훈은, 성경을 가장 잘 보전하는 길은 성경을 보물이나 되는 듯이 온 힘을 쏟아 지키는 것이 아니라 모든 사람이 향유할 큰 보물로 여겨 많은 사람과 함께 나누는 데 있다는 것이다. 그런데 이 교훈은 과제이면서 동시에 약속이기도 하다. 과제는 우리에게 성경을 전하고 가르친 윗세대에 감사하는 표지로 우리도 그 일을 이어가는 것이다. 세상의 종말이 이르기 전까지 우리 다음에 얼마나 많은 세대가 이어질지 우리는 알 수 없다. 하지만 우리는 그렇게 이어질 세대마다 하나님의 말씀을 배우고 귀 기울여 들어야 하리라는 것은 안다. 그런데 이것은 약속이기도 하다. 긴 세월 힘써 성경을 베낀 많은 사람의 수고가 우리 안에서 열매를 맺었듯이, 오늘 우리가 성경을 전하기 위해 애쓰는 일도 장래에 열매를 맺게 될 것이다.

전체 역사를 살펴서 배워야 할 둘째 교훈은, 오류를 저지를 수밖에 없는 수많은 필사자와 번역자와 해석자를 통해 성경이 우리에게 이르렀다는 점이다. 지금 우리가 그들과 그들의 신앙 이해를 돌아보면 그들이 여러 면에서 부족했음을 알게 된다. 이 사실은 하나님의 말씀이 손에 있다고 해서 무오하게 되지는 않음을 우리에게 경고한다. 예전의 필사자와 번역자와 해석자처럼 우리도 오류를 저지를 수 있다. 그러므로 성경을 연구할 때, 그리고 성경이라는 토대 위에 우리의 교리와 삶과 행위를 세운다고 주장할 때 우리가 죽을 수밖에 없는 죄인임을 인정하는 겸손을 잊지 말아야 한다.

　마지막 교훈으로, 이 책 앞부분에서 살펴보았던 성경의 물리적 변화들을 염두에 둔다면 성경이 하나님의 말씀인 이유는 그 형식이나 외양 때문이 아니라 하나님이 성경 안에서 우리에게 말씀하시기 때문임을 기억해야 한다. 우리에게 전해진 고대 성경은 대부분 그 자체로 혁신의 결과였다. 알다시피 고대의 히브리 성경은 주로 가죽으로 만든 두루마리였다. 기독교가 널리 퍼지기 시작하면서 곧바로 두 가지 변화가 일어났다. 성경을 가죽 대신 파피루스나 양피지에 베꼈으며, 두루마리 대신 코덱스 형태로 제작하였다. 우리는 고대의 신자들이 다음과 같이 불평하는 것을 어렵지 않게 그려볼 수 있다. "성경이 예전과 달라졌어. 나는 가죽 두루마리를 보면서 자랐어. 그런데 이제 사람들은 파피루스 책자에다 성경을 기록하네. 사람들은 성경을 좀 더 존중해야 해!" 세월이 더 흘러 종이가 양피지와 파피루스를 대신하게 되었다. 어쩌면 이때도 누군가는 이렇게 불만을 쏟아냈을 것이다. "이런 싸구려 성경은 수치일 뿐이야! 하나님의 말씀은 최상의 재료에 담길 만하지 않은가." 앞서 살펴보았듯이, 활판인쇄기가 등장했을 때, 성경을 필사하는 일은 잊으면 안 되는 영적인 일이므로 성경은 필사본 형태로 보존되어야 마땅하다면서 이의를 제기한 사람들이 있었다. 이처럼 여러 변화마다 의혹과 비판이 일어났다. 하지만 지금 여기서 그때 일들을 되돌아보면, 하나님은 성경이 21세기의 기독교 시대까지 이를 수 있도록 길을 확실하게 다지고 계셨다는 사실을 깨닫게 된다.

　오늘 우리가 사는 이 시대에 다시 한번 성경은 몇십 년 전에는 상상조

205

차 하지 못했던 형태로 변하고 있다. 내 어릴 때처럼 팔에 성경을 끼고 다니는 신자들을 찾아볼 수 없게 되었다. 오늘날 우리는 휴대전화기나 태블릿, 심지어는 시계에 설치된 성경을 사용한다. 지하철에서 두 자리 건너편에 앉아 이어폰을 끼고 있는 저 숙녀는 예언자 이사야의 글, 곧 옛날 에티오피아 사람 순례자가 읽던 그 성경 본문을 듣고 있을 수도 있다. 오늘날에는 성경 연구를 보조하는 전자 도구를 사용해, 다른 때라면 몇 년 걸렸을 연구를 단 몇 분 만에 처리할 수 있다. 옛날처럼 오늘날에도 이렇게 말하는 사람들을 본다(나도 종종 그럴 때가 있다!). "우리가 차 탁자에 펼쳐놓고 읽었던 그 아름답고 두툼한 가죽 제본 성경은 어디로 간 거야? 또 작지만 예쁘게 인쇄되어서 교회나 교회학교에 갈 때 들고 가던 성경은? 내가 병원에 있을 때 목사님이 심방 오셔서 시편을 읽으려고 휴대전화기를 꺼내는 것을 보면 기분이 이상해!" 하지만 우리는 빠르게 훑어본 전체 역사를 통해 중요한 사실을 깨닫게 된다. 우선 성경의 모양은 오랜 세월을 거치면서 많은 변화를 겪었지만, 그런 변화를 겪으면서도 성경은 여전히 똑같은 성경이요, 여전히 우리와 교회와 사회를 변화시킬 힘을 담고 있다는 것이다.

그래서 과거에서 배우는 이 교훈은 미래에 대한 약속이기도 하다. 성경이 두루마리나 코덱스 안에 있어도, 양피지나 종이 위에 있어도, 인쇄물이나 디지털 형태로 있어도 하나님의 말씀은 언제나 동일하다. 그리고 약속도 이처럼 동일하다. "하나님이 내보내신 이 말씀은 빈손으로 하나님께 되돌아가는 법이 없으며, 그 보내신 목적을 이루고야 말 것이다!"

주요 저자와 문헌

이 책 내용이 간결하기 때문에 언급된 인물과 문헌에 관해 더 자세히 알고자 하는 독자들이 있을 것이다. 여기서 각 저자와 문헌에 관한 개략적 설명을 덧붙인다. 좀 더 자세한 설명이 필요한 독자는 아래에 약어와 더불어 밝혀 놓은 저자의 책을 참고하기 바란다.

HCT *A History of Christian Thought*, rev. ed. 3 vols. Nashville: Abingdon, 1970.
　　　(한국장로교출판사에서 『기독교사상사1: 고대편』, 『기독교사상사2: 중세편』, 『기독교사상사3: 현대편』으로 역간).

HECL *A History of Early Christian Literature*. Louisville: Westminster / John Knox, 2019.

TSC *The Story of Christianity*, rev. ed. 2 vols. New York: HarperCollins, 2010.

그레고리우스, 대(大) Gregory the Great, 약 540-604 | 590년부터 죽을 때까지 로마의 주교를 지냈다. 이전 여러 세기에 있었던 게르만족의 침략 후에 서유럽의 질서를 회복하기 위해 많은 일을 했으며, 교황의 권력과 영예를 드높이는 일에서 이정표와 같은 인물이 되었다. 많은 설교와 서신을 비롯한 여러 문헌 외에도 『목회지침서』를 저술하였는데 이 책은 중세의 많은 목회자가 다양한 환경에서 사람과 문제를 어떻게 다루어야 하는지를 배우는 교과서가 되었다. HCT 2:71-73, HECL 377-385, TSC 1:285-288.

디다케 Didache | 이 문서는 정확한 연대를 알 수 없으며 1세기 말쯤에, 시리아의 사막 지대나 다른 건조하고 메마른 지역에서 저술된 것으로 보인다. 문서 전반부는 "두 가지 길에 관한 문서"이며 바나바 서신의 한 부분과 유사하다. 후반부에는 세례와 성만찬에 관한 가르침이 담겨 있다. 이 문서는 사도적 교부(Apostolic Fathers) 문헌에 속하는 것으로 인정된다. HCT 1:67-71, HECL 9-11.

디오그네투스에게 보내는 편지 Address to Diognetus | 이 문헌의 연대는 2세기 중반으로 추정되며, 따라서 현존하는 가장 오래된 기독교 변증서다. 명쾌하고 영감으로 가득한 양식으로 인해 널리 사랑받는다. 사도적 교부 문헌에 포함된다. HCT 1:116 – 117, HECL 29 – 31, TSC 1:62.

랭턴, 스티븐 Stephen Langton, 1150–1228 | 파리 대학교의 신학 교수와 이어서 캔터베리 대주교를 역임했다. 마그나카르타의 조인을 이끌어 낸 지도자 중의 한 사람이었다. TSC 1:366.

롬바르두스, 페트루스 | 페트루스 롬바르두스를 보라.

루터, 마르틴 Martin Luther, 1483 – 1546 | 아우구스티누스 수도회의 수도사이며 비텐베르크 대학교 교수였다. 이 대학교에서 1517년에 프로테스탄트 종교개혁이 시작되었다. 성경을 독일어로 번역하였다. HCT 3:29 – 69, TSC 2:47 – 56.

마르키온 Marcion, 2세기 | 폰투스의 주교 아들. 144년에 로마 교회에서 이단으로 여겨 파문했다. 그는 이스라엘의 신앙과 교회의 신앙의 철저한 단절을 주장했다. 그래서 히브리 성경을 열등한 신의 계시라고 여겨 배척했다. 히브리 성경에 대해 전혀 언급하지 않는 누가복음과 바울 서신들로 구성된 신약 정경을 주장하였다. HCT 1:137 – 143, TSC 1:73 – 74.

멜란히톤, 필리프 Philip Melanchthon, 1497 – 1560 | 비텐베르크 대학교 교수였으며 루터의 주요 지지자가 되었다. 특히 독일 교육 체계의 개혁자로 유명하다. HCT 3:104 – 110.

멜리토, 사르디스의 Melito of Sardis, 2세기 | 사르디스의 주교. 저술로는 몇 가지 단편 외에 『부활절 설교』만 남아 있다. HCT 1:117 – 118, HECL 44.

무라토리, 로도비코 안토니오 Ludovico Antonio Muratori, 1672–1750 | 이탈리아 학자로서, 성경 연구 및 자기 이름을 붙여 무라토리 정경이라 불리는 짧은 문헌을 발견한 일로 널리 알려졌다.

바나바 서신 Epistle of Barnabas | 서신이라기보다는 설교로 볼 수 있는 가명의 문서. 150년 무렵에 알렉산드리아에서 저술된 것으로 보인다. 사도적 교부 문헌에 포함된다. HCT 1:83–86, HECL 21–22.

바실리우스, 대(大) Basil the Great, 329–379 | 카파도키아에 있는 카이사레아의 주교. 아타나시우스 이후 세대에서 니케아 신학을 옹호한 인물. 주요 신학 저술로『에우노미스 반박론』,『성령론』,『창조의 6일』(Hexameron)이 있다. 설교들을 통해 커다란 영향을 끼쳤으며, 다수의 설교가 사회적 쟁점을 다룬다. HCT 1:303–311, HECL 219–224, TSC 1:211–213.

발렌티누스 Valentinus, 2세기 | 매우 영향력 있던 영지주의 교사 가운데 한 사람. 지금까지 남아 있는『진리의 복음』을 저술하였다. HCT 1:134–137, HECL 59–60.

베네딕투스, 누르시아의 Benedict of Nursia, 약 480–543 | 흔히 성 베네딕투스로 알려졌다. 오랜 세월 서방교회에서 가장 널리 사용된 수도원 규칙인 베네딕투스 규칙의 창시자다. HECL 376–381, TSC 1:277–281.

『사도헌장』 Apostolic Constitutions | 연대 미상의 문서로, 대략 4세기 후반으로 보이지만 그보다 앞선 시대의 상황을 반영한다. 주로 교회의 실제 삶과 질서를 다룬다.

시스네로스, 프란치스코 히메네즈 데 Francisco Jimenez de Cisneros, 1436–1517 | 스페인 왕국의 추기경과 섭정을 지냈다. 알칼라 데 에나레스 대학을 설립한 학자로서 학문 연구를 장려하여 콤플루텐시아 다언어 대조 성경(Complutensian Polyglot Bible) 제작에 기여하였다.

HCT 3:197-198, TSC 2:136-138.

아우구스티누스, 히포의 Augustine of Hippo, 324-430 | 흔히 성 아우구스티누스로 알려졌다. 서방 기독교의 가장 중요한 신학자일 것이다. 수백 권의 저작이 지금도 남아 있다. 그 중 특히 영향력이 있는 저작은 『고백록』과 『하나님의 도성』이다. HCT 2:15-55, HECL 292-312, TSC 1:241-252.

아퀴나스, 토마스 | 토마스 아퀴나스를 보라

아타나시우스 Athanasius, 약 300-373 | 알렉산드리아의 주교이자 니케아 신앙의 대변자. 성육신 교리가 그의 신학의 중심이다. 주요 저술로 『말씀의 성육신에 관하여』와 『성 안토니우스의 생애』가 있다. HCT 1:291-302, HECL 186-198, TSC 1:199-208.

암브로시우스, 밀라노의 Ambrose of Milan, 약 339-397 | 밀라노의 주교. 아우구스티누스가 회심하는 데 중요한 역할을 한 유명한 설교자. 저술 대부분은 성경 강해와 설교이며, 그리스어에서 라틴어로 옮긴 번역본이 있다. 뛰어나다고 손꼽히는 두 가지 저술은 『신비에 관하여』와 『성직자의 의무에 관하여』이다. HECL 243-255, TSC 1:219-224.

에게리아 Egeria | 379년 무렵 갈리아에서 성지 순례 여행을 떠난 여성. 여행 일지를 써서 갈리아에 있는 자매들에게 전했다. 일지 가운데 현존하는 부분은 그리스어를 사용하는 동방의 종교 관례들을 묘사하는 까닭에 매우 가치가 크다. HECL 269-271.

에라스무스 Erasmus, 1466-1536 | 네덜란드의 저명한 학자로 16세기 인문주의에서 두각을 나타낸 인물이다. 가톨릭 교인으로서 루터가 제안한 방식과는 다르게 교회 개혁을 추구했다. 1516년에 신약 비판본을 펴내 성서학 연구에 크게 기여했다. HCT 3:21-28, TSC 2:14-18.

에우세비우스, 카이사레아의 Eusebius of Caesarea, 약 260-339 | 흔히 교회사의 아버지라고 불린다. 오리게네스가 카이사레아에서 모은 장서를 사용해『교회사』,『복음의 예비』,『복음의 증명』을 저술하였다. 니케아 공의회에서 중요한 역할을 하였다. HECL 177-185, TSC 1:149-155.

에프렘, 시리아의 Ephrem Syrus, 약 373년에 사망 | 시리아어로 많은 글을 남긴 저술가. 니케아 공의회에 참석했으며, 그 후 에데사에서 생애 대부분을 보냈다. 뛰어난 신학자이자 시인으로, 그가 지은 시는 오늘날에도 여전히 사랑받고 있다. HECL 278-279.

오리게네스 Origen, 약 185-253 | 고대 기독교의 손꼽히게 유명한 학자 가운데 한 사람. 알렉산드리아에서 태어나 교육받았으나 나중에 알렉산드리아의 주교와 갈등을 빚으면서 카이사레아로 이사했다. 저술을 참으로 풍성히 남겼다. 저술 상당수가 소실됐는데도 여전히 많이 남아 있다. 성경 연구 분야에서 여러 성경 판본과 본문을 세로 단 여섯 개에 배치해 비교한『6개어 대조 성경』(Hexapla)을 비롯하여 많은 강해서와 설교집을 펴냈다. HCT 1:205-227, HECL 124-134, TSC 1:93-96.

위 디오니시우스 Pseudo-Dionysius, 5세기 말 | 플라톤주의에 크게 영향을 받은 저자로서, 자신이 아테네에서 바울의 사역을 통해 회심한 사람인 디오니시우스(디오니시우스 아레오파기타)라고 주장했다.『천상의 위계』,『교회의 위계』,『신비신학』외에도 다수의 글을 썼다. 바울의 직계 제자로 간주된 까닭에 중세 시대에 큰 권위를 누렸다. HCT 2:93-96, HECL 392-394, TSC 1:319.

유스티누스 Justin, 2세기 중반 | 진리를 탐구하여 고향 사마리아를 떠난 철학자이며 로마에서 순교해서 흔히 '순교자 유스티누스'라고 불린다. 기독교 신앙 변증서 두 권과 기독교와 히브리 성경의 관계를 다루는『트리포와의 대화』를 저술하였다. HCT 1:101-109, HECL 33-40, TSC 62-66.

이그나티우스, 안티오키아의 Ignatius of Antioch, 108년 사망 | 안티오키아의 주교, 로마에서 사형 선고를 받아 순교하였다. 수도로 가는 길에 일곱 통의 편지를 썼는데, 그 글들은 고대 기독교 문헌에서 가장 소중한 보배에 속한다. 이그나티우스의 서신들은 사도적 교부 문헌에 포함된다. HCT 1:71-80, HECL 16-20, TSC 51-53.

이레나이우스 Irenaeus, 약 130-202? | 리옹의 주교. 스미르나 출신으로 그곳에서 폴리카르푸스에게 배운 것으로 보인다. 주요 저서로 『이단들을 반박함』과 『사도들의 설교에 대한 논증』이 있다. HCT 1:157-170, HECL 77-87, TSC 84-86.

카시오도루스 Cassiodorus, 490-약 585 | 이름 전체는 플라비우스 마그누스 아우렐리우스 카시오도루스이다. 동고트족이 지배하던 이탈리아에서 살았으며, 비바리움에 영향력이 큰 수도원을 세웠다. 주저는 『성·속학 강요』다. HCT 2:69-71.

칼뱅, 장 John Calvin, 1509-1564 | 개혁주의 전통의 설립자 중 한 사람이며 주요 신학자. 프랑스에서 태어났으며 제네바 종교개혁의 지도자가 되었다. 그의 영향력은 제네바를 넘어 한쪽으로 스코틀랜드까지 다른 쪽으로는 콘스탄티노플까지 퍼져나가 마침내 온 세상에 미치게 되었다. 주저는 『기독교 강요』다. HCT 3:133-177, TSC 2:77-86.

케사리우스, 아를의 Caesarius of Arles, 470-542 | 펠라기우스 사상에 강하게 맞서 싸웠던 유명한 설교자. 주저는 『은총과 자유 의지에 관하여』다.

클레멘스, 로마의 Clement of Rome, 약 35-99 | 로마의 주교. 그의 지시를 따라 로마 교회가 고린도 교회에 편지를 보냈다. 지금은 "고린도 교회에 보내는 클레멘스의 첫 번째 서신"이라고 불리는 이 편지는 사도적 교부 문헌에 속하는 것으로 인정된다. (클레멘스의 저술이라고 주장되는 "고린도 교회에 보내는 두 번째 서신"은 그가 쓴 글이 아니며 사실 편지도 아니다.) HCT 1:62-67, HECL 11-16, TSC 1:83.

클레멘스, 알렉산드리아의 Clement of Alexandria, 약 213년에 사망 | 알렉산드리아 학파 최초의 교사이자 학자들 가운데 한 사람이고 어떤 면에서 보면 설립자. 철학의 로고스 개념을 이용하여 기독교 신앙과 그리스 철학 사이에 변증적인 다리를 놓았으며, 하나님이 그리스 사람에게 철학을 주신 이유는 이스라엘 백성에게 율법을 주신 것과 같다고, 곧 그리스도 께 이끌기 위해서였다고 주장하였다. HCT 1:186 – 204, HECL 88 – 96, TSC 1:86 – 88.

키릴로스, 예루살렘의 Cyril of Jerusalem, 313 – 386 | 예루살렘의 주교. 그의 『교리문답 강의』는 세례 준비와 세례 자체의 역사를 연구하는 자료로서 매우 가치가 크다. HECL 238 – 242.

타티아누스 Tatian, 2세기 | 유스티누스의 제자. 그리스 철학의 가치에 관해서는 유스티누스 와 의견을 달리하였다. 변증론인 『그리스인들에게 고함』 외에 네 권의 복음서를 한 권으로 묶은 『디아테사론』(*Diatessaron*)을 지었다. 이 책은 여러 세기 동안 시리아 교회들에서 널리 사용되었다. HCT 1:109 – 112, HECL 40 – 41, TSC 1:63 – 64.

테르툴리아누스 Tertullian, 약 160–약 240 | 라틴어 최초의 중요 기독교 문헌 저자. 그래서 라 틴어로 된 많은 기독교 신학 어휘를 창안한 학자이기도 하다. 그리스도인의 삶의 실천에 관해서뿐 아니라 여러 이단을 반박하는 글을 많이 썼다. 율법주의적 성향이었으며 후대의 서방 신학에 이 성향을 물려주었다. HCT 1:171 – 185, HECL 97 – 106, TSC 1:88 – 93.

토마스 아퀴나스 Thomas Aquinas, 1225–1274 | 중세를 통틀어 가장 중요한 신학자. 흔히 '천 사 박사'로 통했고 파리 대학교에서 도미니크회 교수로 일했다. 성경에 관한 주석 여러 편 과 페트루스 롬바르두스의 『명제집』과 아리스토텔레스의 저술에 관한 글 외에도 『대이교 도대전』과 기념비적 저술인 『신학대전』을 썼다. 그의 철학과 신학 체계는 '토미즘'으로 알 려졌다. HCT 2:261 – 281, TSC 1:375 – 380.

파피아스, 히에라폴리스의 Papias of Hierapolis, 2세기 | 히에라폴리스의 주교로, 예수의 말과

사도들에 관한 자료들을 모으는 일에 힘썼다. 방대한 저술 가운데 남은 것은 몇 개의 단편이 전부인데 복음서들의 기원과 종말의 때에 약속된 풍요를 주로 다룬다. HCT 1:82-83, HECL 26-27, TSC 1:36.

페트루스 롬바르두스 Peter Lombard, 1096-1160 | 신학자로서 파리의 주교가 되었으며 스콜라주의의 중요한 선구자였다. 네 권짜리 『명제집』으로 유명한데, 이 책은 중세 스콜라주의의 주요 교재가 되었다. HCT 2:178-181, TSC 1:372.

폴리카르푸스, 스미르나의 Polycarp of Smyrna, 2세기 | 스미르나의 주교. 안티오키아의 이그나티우스가 쓴 일곱 편의 서신 중 한 편은 폴리카르푸스에게 쓴 것이다. 나중에 폴리카르푸스는 빌립보 교인들에게 이그나티우스에 관한 소식을 물었다. 폴리카르푸스도 역시 순교하였다. 그가 당한 재판과 박해가 『폴리카르푸스의 순교』에 기록되었다. 사도적 교부에 포함된다. HCT 1:80-82, HECL 20-21, 45-46, TSC 1:53-55.

플리니우스, 대(大) Pliny the Elder, 약 23-79 | 많은 저술을 남긴 이교의 저술가로, 그의 『자연사』는 신뢰할 만한 백과사전이다.

플리니우스, 소(小) Pliny the Younger, 61-약 113 | 비티니아의 총독으로 112년에 트라야누스 황제에게 편지를 보내 기독교에 관해 조사한 것을 보고하고 그리스도인에게 시행할 정책을 지시해 달라고 요청하였다. 대 플리니우스의 조카다. TSC 1:49-51.

헤르마스 Hermas, 2세기 중반 | 로마교회 주교인 피우스의 형제. '헤르마스의 목자'로 알려진 그의 유일한 저술은 그가 로마에서 설교한 것으로 보이는 환상과 비유와 훈계들을 모았다. 그 저술은 사도적 교부 문헌에 포함된다. HCT 1:86-90, HECL 22-26.

히에로니무스 Jerome, 약 347-420 | 불가타라고 알려진 라틴어 성경 번역본으로 유명한 성경학자. HECL 256-266, TSC 233-239.

히폴리투스 Hippolytus, 약 175-235 | 엄격하고 전통주의적인 신학자로서 로마에서 먼저 제피리누스 주교에게, 그다음으로 그 계승자인 칼리스투스에 반기를 들었다. 로마의 경쟁 주교로 선출된 그는 로마 가톨릭교회가 대립 교황이자 동시에 성인으로 여기는 인물의 변칙적 면모를 보여준다. 주저로는 『사도 전승』과 『전체 이단에 대한 반박』이 있다. 『사도 전승』은 초기 기독교의 예배 역사와 관련해 현존하는 가장 가치 있는 자료다. HCT 1:229 – 235, HECL 114 – 123.

주요 저자와 문헌

찾아보기: 이름과 주제

초기 교회의 성경

찾아보기: 이름과 주제

초기 교회의 성경

초기 교회의 성경

찾아보기: 이름과 주제

초기 교회의 성경

찾아보기: 이름과 주제

찾아보기: 성구